法緣・書緣

單德興——著

【自序】

雙緣交會，四者合一

最近為了準備在敏隆講堂發表生平第一場有關禪、生活與文學的演講，特別慎重其事，除了翻閱手邊藏書，也到著名的實體書店與網路書店訪書、尋書，並在網路上多方搜尋資料。從一開始模模糊糊的架構與片片斷斷的靈感、觀念，逐步補充，再三修訂，方才緩緩成形。在翻閱、查找了眾多禪宗的書籍、公案、詩偈之後，赫然發現，還是回到最基本的兩冊書：聖嚴師父的《禪門修證指要》與《禪門驪珠集》。

一九七〇年代初期就讀大學時，我就對禪宗感興趣，看了不少相關的著作與翻譯。服兵役那段期間面對諸苦，更是幾乎非佛書不讀。後來出國訪學，除了學術專業，也會留意英文佛書與禪書，多年下來累積了不少藏書，也有些閱讀的感想。然而，興趣雖然濃厚，也曾撰文介紹若干書籍，卻稱不上鑽研。手邊的《禪門修證指要》為民國六十九（一九八〇）年十一月初版，由中華佛教文化館東初出版社印行，由於年代久遠，紙張有些泛黃，攤開時必須小心翼翼，免得傷及書頁。書末除了自己的簽名，還有兩段相隔超過二十年的手書。最先是簡短註明此書購於民國七十一（一九八二）年八月十八日；其後則是題記「二〇〇六年五月二十七日到六月二十一日於加州」，並有如下文字：「此書出版不到兩年便購得，雖偶而翻閱，但全書從頭到尾讀完，卻是近二十四年後於美國加州遊學期間！」

購買此書時我還是一年級的博士生，正在修習學分，前途未卜，之後進入中央研究院、結婚、撰寫論文、取得學位、當兵、生子、退伍、返回研究單位、皈依、禪修……。爾後這些年，我曾多次出國開會與研究訪問，包含三度於美西、美東與英國各訪學一年。直到第四度出國訪學，再次隨身攜帶此書，才花了三個多星期看完全書，心有所感，註記於書後。這次為了準備演講，再次翻閱全書，竟又隔了將近十五年，距離最初與此書結緣已近四十年！

我一方面為自己的疏懶懈怠感到慚愧，另一方面益發感佩聖嚴師父的良苦用心，從汗牛充棟的禪門典籍，摘錄歷代祖師大德禪法精要，輯為一冊，方便有緣者閱讀。《禪門驪珠集》則可視為《禪門修證指要》的姊妹篇，收錄了自東晉到民國，一千五百五十年來一百一十一位禪師的行誼與修證體驗。此書初版為一九八四年，記得當時也曾請購，後來於二〇〇〇年二版一刷，我手邊的版本為二〇〇八年修訂版五刷。兩書搭配閱讀，禪宗祖師大德的言教、身教，思想、行誼躍然紙上，典型現前。

我雖然自大學時期便開始閱讀佛書，而且由禪宗入手，一九八八年正式於聖嚴師父座下皈依三寶，學佛打禪，也隨緣中譯了師父的幾本禪書，但從未就相關題目發表過演講。這次因為盛情難卻，貿然承接，戒慎多時，在構思與準備的過程中急切向外探求，焉知「眾裡尋他千百度」，驀然回首，原來法寶早在身邊，只是自己蒙昧，不識明珠在握。這次切身的經驗，再次讓我體會到法緣與書緣的不可思議。

本書是我繼《我打禪家走過》（二〇〇六）與《禪思．文思》（二〇一七）後，於法鼓文化出版的第三本文集，書名《法緣．書緣》再次來自編輯部的巧思，英文書名 *A Dharma Life: Through Heart, Mind, and Practice* 則來自多年好友、華裔美國資深編輯、詩人梁志英（Russell C. Leong）的建議，以示書中種種都來自一位佛法修學者的生活與生命。全書將近年來的這些文字，歸納為與我生命密切相關的法緣與書緣，並依照個人的多重角色，分為「行者之行」、「學者之學」、「作者之作」、「譯者之譯」四部分。隨著自己的閱讀、寫作與踐履，前兩本文集反映了個人的所見、所聞、所思、所感，而自我認知的「行者」、「學者」、「作者」、「譯者」的「四者合一」的身分與意涵也逐漸明朗。本書延續前兩本書中所呈現的法緣與書緣的交會，並與幾位師長的世間法因緣相互映照，共同成為我人生道上的指路明燈。

就個人此生的因緣而言，「行者」不單單是人生道上的「旅行者」，也是學佛參禪路上的「修行者」；「學者」不僅是學院中專業知識的鑽研者，更是方方面面的「終身『學』習『者』」；「作者」不僅是撰寫文章與書籍的「文字工作者」，而且是力求效法百丈禪師所示範的「一日不作，一日不食」的「日日工作者」；「譯者」則既是轉化文字、使之變易（「改變」與「變得容易」）的「易者」，也是使作者、讀者、譯者三方受益的「益者」。

我將這些標舉為學術理想與人生目標，即便高遠，依然期許自己日有寸進。這些認知與體會，除了來自多年的思索與實踐，也具體衍生自與佛法、書籍的因緣，以及師長的示範。筆者有幸處於「雙緣交會，四者合一」的情境，一方面感恩於促成此情境的諸多因緣，另一方面也希望藉由語言文字的分享，達到個人早課的發願：「善用資源，廣結善緣，源源不斷，緣緣相續。」

書中收錄的十四篇文章與訪談，便是依照這四種身分歸類。「行者之行」的五篇文章，記錄了一己的閱讀經驗與學佛因緣：從人生不同階段接觸到的《心經》，一九七〇年代友人結緣的師父早期著作《瓔珞》與工具書《佛學常見詞彙》，到師公東初老和尚創刊的《人生》雜誌七十週年暖壽，再到二〇〇一年法鼓山臨時寮房師父主持的默照禪七，以及二〇一八年、年逾花甲之後於法鼓山禪堂參加的禪七。這些文章留下了人生旅程與修行道上的鴻爪。

「學者之學」收錄的兩篇文章，則由不同的視角出發：一是身為翻譯的實踐者與研究者，如何藉由學術會議的機緣，根據晚近成為顯學的翻譯學之觀念，重新學習，反思並剖析聖嚴師父禪書翻譯過程中的繁複微妙；另一是身為資深讀者與文學學者，重新回到閱讀與學習文學的初衷與喜悅，透過名家對於生死大事的省思與創作，與相隔近半世紀的故鄉母校學弟妹分享，希望能開啟他們欣賞文學的興趣、愉悅與智慧。

「作者之作」收錄的四篇文章，記錄了此生有幸結下師生之緣的老師，以及對我有深遠啟發與影響的學界前輩：大學時期文學與翻譯的啟蒙師余光中老師，研究所時期示現穩健踏實、一步一腳印的朱炎老師，有多次訪談與文字之緣的齊邦媛教授，以及開啟我學術翻譯之路的楊牧教授。這幾位名家兼具作家與學者的身分，豐富的著述與傑出的成就示範了「作者」的行誼。

「譯者之譯」的性質有別於前三部分，針對「譯者」進一步轉譯，強調其做為「中介者」與「再現者」的角色，成為受訪者與讀者之間的擺渡人。此部分收錄了三篇文字：一為演講與問答紀實，重點在於個人身為師父數本禪書中譯者的角色，以及這些翻譯的過程與意義；一為師父親近的在家弟子張光斗菩薩，為國立教育廣播電台與法鼓山人文社會基金會共同製播的《幸福密碼》，邀我進行訪談，在疫情廣泛衝擊人心之際，透過廣播與聽眾分享；一為時任中華民國英美文學學會祕書長的年輕學者林嘉鴻博士，針對學術研究與終極關懷的殷殷扣問，促使我深自反省。三篇文字雖然性質不同，閱聽者有別，但體現了「中介」與「再現」的特色，共同建構了個人「四者合一」的角色，恰好做為本書收尾。

今年初領臺北市敬老卡，上下車於機台刷卡時發出的三聲音響，有人解為「三聲無奈」，有人解為「三生有幸」，表面上看似眾人聞聲各得其解，其實反映的是各自不同的心境。無論如何，成為「坐六望七」的資深國民已是不爭的事實，正可利用不時的提醒，敦促自己好好面對與處理，如何在「坐」與

「作」、「望」與「忘」之間善巧拿捏，珍惜個人因緣，樂齡前行，持續學習，不斷轉化，努力寫作，隨緣分享，這些無疑是餘生的重要功課！

是為序。

單德興

二〇二〇年十一月二十五日

臺北南港

目錄

【自序】雙緣交會，四者合一 003

輯一 行者之行

書緣．師緣 016
那年初春山上的默照禪七 027
天下沒有白打的禪七 045
為《人生》七十暖壽 054
我的《心經》因緣 059

輯二　學者之學

看似尋常卻奇崛——聖嚴法師英文禪書中譯背後的故事與奧義　074
訪舊與探新——與高中生談「從文學看生死」　091

輯三　作者之作

精進的人生，美好的晚年——讀齊邦媛教授日記有感　118
「在時光以外奇異的光中」——敬悼余光中老師　137
百載孤高一南山——追懷朱炎老師　153
猛志逸四海——懷念楊牧先生　168

輯四

譯者之譯

單德興與老師分享翻譯的修行心路　178
學者與作者的幸福密碼——單德興訪談錄　191
學者．行者．作者——單德興訪談錄　218

輯一・行者之行

書緣・師緣

斷捨離——辛苦／心苦

「這本書竟然在這裡？」

書滿為患，整理困難，但真正下定決心處理時，並未如原先想像的艱苦，而且不時出現驚喜。

自從年初參加法鼓山止觀禪七歸來，就想整理自己的研究室和多年藏書，但忙碌的寫作計畫與接連幾個出國行程，使得原先的構想未能全面進行。好不容易找個週末，決定整理貯藏室裡已經處理了一半的舊書，而這只是個人全部藏書的一小部分。

這些書原先已由同修裝箱，用寬膠帶封起，如今我要一箱箱打開，一本本過目，淘汰掉一些，再把仍有興趣或可能用到的書裝回箱內，整個工程非常浩大、勞累，更是磨人，因為要愛書人割捨書籍，實在是件難事——對我來說，甚至比寫論文還要辛苦好多倍，這也是為什麼以往多次清理，卻總是頹然而廢的原因。

除了書多且雜之外，另一個原因就是得到這些書的因緣各異，或為上課所讀，或為研究所需，或為興趣所致（而且興趣不時更迭），或為行腳紀念，或為心血來潮，或為彼此餽贈……。如今時空環境轉變，若可預見的未來不再閱讀或用不上的書籍，與其封箱收存，不見天日，倒不如早點出清，讓它們開啟下一段的旅程。為此我必須過目每一本書，決定是否斷捨離，儘管辛苦，卻更「心苦」，因為要割捨多年來蒐羅的各色書籍。然而，在逐本梳理的過程中，昔日的回憶不覺湧上心頭，而且不時出現大大小小的驚喜。

見迹——發現兩本佛書

最大的驚喜就是出現了兩本佛書：聖嚴法師所著的《瓔珞》與陳義孝居士所編、竺摩法師鑑定的增訂本《佛學常見詞彙》。這兩本是一位低我幾屆的政大系友的結緣書，也是此生最早收到的佛教贈書，看著贈書者簽署的日期「民國六十九年」，一下子就把我帶回到將近四十年前的場景。

當時臺灣的佛教尚不興盛，往往遭人與民間宗教混為一談，被視為迷信或落伍。而且戒嚴時期，大專院校禁止具有宗教色彩的學生社團，各校的佛教社團只得變通，於是出現了臺大晨曦社、師大中道社與政大東方文化社等，後者在就讀西洋語文學系的我心目中，覺得頗為陌生與遙遠。

擺脫了中學六年的升學主義禁錮，來到指南山下，我很喜歡在學校附近的小書店翻閱書籍，其中也有些許佛書，但大多為翻譯本，尤其是鈴木大拙的譯作，再就是有關禪宗公案語錄的書，唯多為居士或學者之作，印象中很少看到本地法師的著作。而獲贈的這兩本書，一為佛學工具書，一為漢傳佛教法師的著作，對日後學佛、禪修，冥冥中發揮了指引的作用。如今回想起來，感謝贈書者提供的機緣，也感念文字因緣的不可思議。

話說從頭。我就讀臺大外文研究所時，依然住在政大附近，經常出入於原先畢業的西語系，與贈書者原本就相識，她的英文能力很好，表現傑出，曾以我國學生代表團的身分出國訪問。有一次多月未見，再見時發覺她的容貌神態與之前大不相同，顯得純淨白皙，聲音柔緩，讓我聯想到觀音菩薩，連我都覺得奇怪。

她告訴我，近來到北投農禪寺跟隨聖嚴法師修習禪法，還打了幾次禪七。那是我第一次遇到有打七經驗的人，不免好奇，就問了她幾個問題。她跟我提到禪堂裡的大致情形，以及自己和其他禪眾的一些奇特反應，讓我這個只看禪書的人大開眼界。

她邀我到她的租住處，只記得房間不大，樸素簡潔，好像有佛像與供香，房門竟然不上鎖，令我非常訝異。我不便久留，稍稍聊了幾句便欲告辭，她隨手取了兩本佛書相贈。當時大家都是學生，彼此之間甚少贈書，一次贈送兩本更是罕見，再加上她是第一位向我介紹聖嚴法師及他主持的禪七的人，所以印象特別深刻。

這些年來數度搬家，家裡和研究室的藏書愈積愈多，很多早年的書已不確定下落，沒想到這次大清理竟然發現，這兩本佛書收藏在隱密安妥之處。

循迹——《瓔珞》與後續因緣

這本《瓔珞》的封面為綠白細紋，簡單樸素，右上角有「文學博士　聖嚴法師著」幾個字，一九六八年元月初版，一九七九年五月再版，註明是結緣品，流通處為中華佛教文化館，地址有光明路與大業路兩處，版權頁以藍印蓋了「三寶弟子程黃〇〇敬贈」，而贈書的系友則寫著「中華佛教文化館贈」，時間為一九八〇年十月二十六日，不知是不是參加禪修後的結緣品？總之，此書到我手中已是輾轉結緣。

書名《瓔珞》，此中大有文章。聖嚴法師歷經十年軍旅生涯之後，得以在東初老和尚座下再度出家，荷擔如來家業，接受種種訓練與磨難，任勞任怨，盡心盡力，增益不能，消融自我。為了進一步深入經藏，精進佛法，砥礪修行，決心閉關。根據《聖嚴法師年譜》（法鼓文化，二〇一六），一九六三年九月下旬，高雄美濃朝元寺的關房修建完成，取名「瓔珞」，「為『莊嚴』義。因佛法以持戒功德為無上莊嚴，而師自二度出家以來，偏重於律書之研讀，復念戒律亦為學佛基礎，是以關房取名瓔珞。陸軍總司令劉安祺將軍親題『瓔珞關房』匾額相贈。竺摩長老所書對聯『入聖法門經作路，莊嚴心地戒為師』則懸於關房佛桌上方。」至於軍功彪炳的劉上將，晚年在聖嚴法師座下皈依三寶；多年駐錫馬來西亞的竺摩長老之弟子繼程法師，成為聖嚴法師的法子，則為後事。

兩段〈自序〉撰於瓔珞關房，時為「佛元二五一二年（一九六八年）元月」，除了感謝「幾家刊物的逼稿」和朝元寺提供的環境之外，並提到自一九六三年首度出書以來，平均每年出版兩本書，「總計已達百萬餘言」。至於「樂於出書」的原因，「倒不是為了發表欲的驅使」，而是「要對自己的文字負責」，趁著出書時可以一再修改以往「寫作時的疏忽，以及刊印中的錯誤」，因此「出版了的書，才是我的定稿」，由此可見聖嚴法師出書時的審慎與嚴謹。

全書收錄十篇文章：〈原始佛教〉、〈佛教的倫理觀〉、〈怎樣做一個居士〉、〈怎樣修持解脫道〉、〈為什麼要做佛事〉、〈正法律中的僧尼衣制及其上下座次〉、〈今後佛教的女眾問題〉、〈對未來中國佛教的展望〉、〈太虛大師評傳〉、〈雜考〉。目錄與每篇文章之下各有小標，結構分明，內容廣泛，涉及原始佛教的教義，佛教的倫理與戒律，居士道與解脫道的修持，佛事的理念與實踐，對未來佛教女眾的看法及中國佛教的展望，對民國佛教大師的評傳，以及對「大師」、「舍利」、「龍象」的考證等。由這些文章可以看出聖嚴法師於一九六〇年代對佛教教理、倫理、戒律、制度、修持、人物、性別，甚至佛教歷史與未來發展的觀點，不僅在當時發人深省，以「後見之明」來看，許多觀點也反映於現今法鼓山的理念與實踐。

孤陋寡聞的我在系友介紹之後，開始留意這位具有日本大學文學博士學位的法師，陸續蒐集並閱讀他的著作。起初閱讀的書中包括兩冊的《禪門囈語》，看到這位系友和其他禪眾的禪七心得，以往在禪宗公案語錄中得到的一些印象，竟然重現於臺灣；《正信的佛教》、《學佛群疑》解除了我心中對佛教與學佛的一些疑惑；自傳《歸程》讓我認識這位禪師的前半生；《從東洋到西洋》分享了在日本留學與美國行腳的經驗與體會；《聖嚴法師學思歷程》敘述了人生與學術的軌跡，這些生命故事在在令人感動；嚴肅的《戒律學綱要》則是我身為（博士）步兵排長，在中正國防幹部預備學校擔任隊職官時，每天早晚陪伴國家未來軍事幹部時一頁頁細讀的……。

這些著作不僅提供正信的佛教觀念，更讓我認識到一位有血有肉、精進勤勉、有願有行、為法忘軀的當代法師。跟當時閱讀的其他佛書相較，更凸顯了聖嚴法師穩健的佛法見解，圓融的世間智慧，以及慈悲的方便開示。由於知曉了「佛學」與「學佛」的差別，明白了實修的重要，一九八八年八月，退伍後的第二個週末，我便到農禪寺皈依。一九九二年二月參加第一屆社會菁英禪修營，正式踏上禪修之路，後來甚至還有機緣翻譯聖嚴師父（案：皈依後，下文皆稱師父）的《禪的智慧——與聖嚴法師心靈對話》（*Zen Wisdom: Conversations on Buddhism*，中譯二〇〇三）、《禪無所求——聖嚴法師的〈心銘〉十二講》（*Song of Mind: Wisdom from the Zen Classic* Xin Ming，中譯二〇〇六）、《無法之法——聖嚴法師默照禪法旨要》（*The Method of No-Method: The Chan Practice of Silent Illumination*，中譯二〇〇九）、《虛空粉碎——聖嚴法師話頭禪法旨要》（*Shattering the Great Doubt: The Chan Practice of Huatou*，中譯二〇一一），而這一切可說都緣自最初的兩本贈書。

至於接引我的這位系友，大學畢業後到美國紐約留學，一度曾有聯繫，知道她曾到東初禪寺繼續追隨聖嚴師父修行，也在師父早期英文書的謝詞中看到她的名字，後來皈依藏傳佛教、成家、閉關、出家，之後多年不知下落，最近輾轉得知，她擔任美國某藏傳佛教閉關中心的女關房指導上師。因為整理舊書，找出這兩本結緣書，睹物思人，已是大半輩子之前的事了，益發感覺人生苦短，世事無常。

拾迹——功不唐捐

先母曾好奇，家中並沒有學佛的環境，而我竟然會學佛。如今已屆花甲，回顧前塵往事，這一路來的許多事情都促成我踏上學佛之道。而這位比我年輕，但深有佛緣的系友所結緣的那兩本書，便是我最初始、也是最關鍵的增上緣。遙想聖嚴師父在臺灣南部狹小關房中的著述，以白紙黑字承載了他的知識、理念、經驗與智慧，而我有緣閱讀，從中學習，進而皈依、修習佛法、撰寫文章，以及翻譯師父的著作，這一切都讓我深切感受到文字因緣的不可思議，以及筆耕的功不唐捐。

多年來，我從事翻譯、撰寫論文與其他文章、進行訪談，不敢宣稱「樂此不疲」——因為不少時候是在勞累中勉力為之，而且每篇文字都一修再修——然而就是出於這份對文字的尊崇、敬謹與信心，讓我持續把握一期一會的機緣，致力於一篇篇的書寫，相信筆下或鍵盤下的文字，可能在某時某地與人結緣，一如他人的文字與我結緣。

附記：

與我結緣的增訂本《佛學常見詞彙》，是一九八〇年七月「敬印此書為臺北佛教淨業林成立誌慶」，數量一千五百本，為「非賣品．歡迎翻印」。在「例言」與釋迦牟尼佛像之後，有竺摩法師敬書的《法句經》經句：「雖誦千言　不解何益　若解一偈　行可證道」。印象中這本是流傳最廣的佛學工具書，在許多寺院、流通處、書店都看得到翻印的結緣本，或重印的銷售本，我也曾以此書與人結緣（包括家父在內）。

（原載於二〇一八年十一月《人生》雜誌四二三期）

那年初春山上的默照禪七

何止書災？

大學時初讀余光中老師的〈書齋．書災〉，文中描述自己見書心喜，勤於蒐集，以致書滿為患，氾濫成災，其中包括「漫山遍野、滿坑滿谷、汗人而不充棟的洋裝書」。類似情景也出現在不少人身上，以學者和藏書家尤然。詩人巧用諧音與幽默手法，即使事隔半世紀，文中的具體細節已不復記憶，但只要跟朋友提起〈書齋．書災〉，許多人依然印象深刻，足證錦心妙語之為用大矣。

經過高中三年的自我封閉，只攻聯考的六科，不碰課外書籍，考上大學後的我自喻進入「解凍期」，除了心境的復甦，也正式開始自主購書的歲月，因為經濟上仰仗家裡資助，只能挪用有限的零用金，購書量不大。上了研究所，接觸面益廣，獎學金加上兼課及些許翻譯外快，手頭較寬裕，購書日多。等到成為專職研究人員，收入固定，閱讀與寫作成了生活及職業所需，買起書來愈發順理成章、理直氣壯。

先前只有實體書店，要到門市才能看書、買書，因此喜歡逛書店，而且特別珍惜出國訪學的機會，每次都帶回不少書，帶不了的就用郵寄。記得一九九二年初參加法鼓山首屆社會菁英禪修營，在聖嚴師父親自帶領下初嘗禪味，夏天帶著篤靜的心情前往美國遊學兩、三個月，離開達特茅斯大學（Dartmouth College）的批評與理論學院（The School of Criticism and Theory）時，機場人員特地在我行李箱貼上紅色標籤"HEAVY"，因為那只行李箱可能超過四十公斤，裡面主要是書。若是出國一年，那買的書就更多了，幾乎都郵寄十幾、二十箱書籍和資料回來。等到網路書店時代降臨，只消在鍵盤上敲幾下，國內外的新舊書籍就奔馳或渡海而來，累積速度也就更快了。

入行近四十年，加上每讀書必畫線註記，必須擁有私人書籍，而且還有筆記、資料、檔案……，我又惜緣重情，不懂「斷、捨、離」，每本書背後往往有著故事與回憶，加上心想將來寫作可能用得上，以致研究室裡書籍「氾濫」已不是誇飾，而是事實描述。書架上的書層層疊疊，有如山外有山，峰上有峰，擺不下的則綿延迤邐到書桌和地面上，一摞摞、一堆堆、一箱箱，有如不同的陣式，須時時留意腳下，免得誤觸「絆馬索」。也就是在這層層疊疊、箱箱堆堆之間，經由家人大力協助下，挖出了近二十年前的禪七筆記，頗有「古物出土」的驚喜。

默照禪七筆記重現

打過禪七的人都知道，禪期不僅禁語，而且不許筆記，以期禪眾專心用功，一意於當下。然而聖嚴師父為了接引特定對象，有時會開方便之門，予以通融。這本筆記就是如此情境下的產物。

一九九二年首次為期三天的社會菁英禪修營之後，有些學員繼續精進，參加共修，但因生活與工作忙碌，加上根基不如循序漸進的禪坐班學員穩固，後續參加禪七的人數相當有限。直到二〇〇一年，社會菁英禪修營舉辦了九年、十八屆之後，為了進一步接引這些已有法緣的弟子，師父於二月十七日（星期六）至二月二十四日（星期六），舉辦「二〇〇一年法鼓山第一屆社會菁英禪七」，地點就在法鼓山上的臨時寮。

事隔二十年，我的記憶已經模糊，就像許許多多與法鼓山有緣的人一樣，要靠聖嚴師父的著作或年譜來回憶當年事。根據林其賢居士編著的《聖嚴法師年譜》，二〇〇一年「二月十七日起至二十四日，於法鼓山臨時寮主持『第一屆社會菁英禪七』，共一百一十九位歷屆學員精進共修。法鼓山自一九九二年迄今已舉辦十八屆『社會菁英禪修營』，歷時七日之菁英禪修則為首度舉行」（頁一四二一）。這段文字簡要記載了此次禪七的因緣，註明資料來自二〇〇一年四月一日《法鼓》雜誌一三六期第二版。

《法鼓》雜誌的報導把它歸類為「活動短波」，標題為〈法鼓山舉辦第一屆社會菁英禪七〉。根據「本刊訊」，這次禪七由「聖嚴師父親自主持」，緣起是「為了使歷屆社會菁英禪三的學員有進階共修的機會」，參加學員「包括凌陽科技董事施炳煌、基隆市長李進勇、詞曲創作者羅大佑、前政大校長鄭丁旺等在內，皆為社會上具影響力之工商、文化、教育、政界的菁英人士」。相關文字也是相當簡要，不免令人好奇為了接引這批有心求法的社會菁英，主七法師到底要採用何種禪法來達到最大效益，讓學員不僅在個人生活中受用，並且帶入家庭與職場，發揮漣漪效應。然而年譜與《法鼓》雜誌都未見紀錄。這本筆記重現恰好可以補遺，確認當時傳授的是默照禪。

檢閱二〇〇四年出版的《聖嚴法師教默照禪》，發現書中收錄的就是這一、兩年舉行默照禪十四（二〇〇一年五月）與默照禪十（二〇〇二年六月）的整理稿，可見這是師父當時密集傳授的法門，第一屆社會菁英默照禪七還在這兩者之前。該書〈編者誌〉指出，師父「早期，是以教導數息觀以及參話頭為主，但是到了一九八〇年，開始在禪修期間指導默照禪法，並且從一九九八年開始，陸續舉辦專修默照的禪七、禪十、禪十四、禪四十九。至今，聖嚴法師已親自主持超過十次以上的密集默照禪修活動，受益者不計其數，然而法師卻遲遲未有一完整講授默照禪法的專書。因此本書的出版，可謂圓滿了各界多年來的殷切期盼」（頁三）。俞永峰（果谷）博士在為《無法之法——聖嚴法師默照禪法旨要》撰寫的〈英譯者緒論〉中表示，「在一九八〇年代，聖嚴法師其實嘗試教導的是一種更『沒有形式』的默照方法，心不專注於任何東西，只是維持著完全的清楚澄明，也不分階段」（頁十六）。

禪七筆記的出現讓我喜出望外，並有機會重溫師父的開示。當時供學員使用的是法鼓山文教基金會的大筆記本，我在封面上註明活動名稱、日期（菁英禪七，二〇〇一．二．十七—二十四）、姓名和編號。當初報到時赫然發現自己的編號竟是〇〇一，這或許是因為初次禪三後，我陸續在臺灣的農禪寺、法鼓山和美國的東初禪寺參加過幾次禪七，比較熟悉禪堂裡的情形；也或許是因為這段期間我有機緣翻譯師父與西方禪眾的對話錄《禪的智慧——與聖嚴法師心靈對話》以及禪堂開示《禪無所求——聖嚴法師的〈心銘〉十二講》。

默照禪七

師父在起七的開示中指出，這七天的修行方法是默照，此法起源於曹洞宗的宏智正覺禪師，已在中國失傳數百年，由其根據文獻與個人修行經驗加以恢復。之所以在第一次菁英禪七就傳授默照禪，一方面因為這個法門上溯高僧大德的禪法，為往聖繼絕學，另一方面鑑於當今社會節奏緊促，如何提供相應的禪法，讓恓恓惶惶的眾生能用來面對日常生活，顯得特別迫切。相較於其他禪法，如話頭禪，需要特殊的環境條件，而默照禪則便於現代人融入行住坐臥中，與生活打成一片。

由這次禪七日程表來看，早晚課、禪修指導與練習、師父開示、出坡、早午齋與藥石，以及最後一晚的分組討論與綜合報告，都與法鼓山體系的其他禪七相同，稍稍不同之處是早上五點打板，讓學員能睡足七小時，多一點休息。再就禪修而言，有關打坐的前方便和方法也相同，不過內容集中於默照禪。

雖然名為「禪七」，但掐頭去尾只有六個整天。第一天是下午報到，僅剩半天時間，提供入門資訊，分配出坡工作，介紹禪修的規則與方法。師父特別提示，此次禪七傳授的是已失傳數百年的默照法門，目標在於結合禪修與生活，希望協助大眾隨時隨地放鬆身心，清楚明白自己的身心反應，在自然過程中由放鬆到放下，把禪修體現於二六時中的語默動靜，以期達到生活就是修行。

第二天起，每天早、中、晚三個時段都有「師父開示」、「禪修指導及練習」，教導禪修的觀念與方法，並搭配打坐、經行與運動。主七和尚開示時旁徵博引，深入淺出，既配合佛法要義，彰顯佛法與禪修的關係，又凸顯默照法門的特色，更顧及現場禪眾的理解與運用。這次禪七學員雖在各自領域表現突出，但於禪修的觀念與方法上未必循序漸進，對佛法的認識仍有增長的空間，因此特准禪眾筆記，以便把「法寶」帶下山去，希望不僅有利於個人日常修行，也可運用於生活與職場中的待人接物，發揮「統領大眾」的功效，可謂用心良苦。師父使出渾身解數，希望這批「頭角崢嶸」的社會菁英能滿載而歸。

中華禪來自佛法，而默照禪又為中華禪的一個法門，因此主七和尚除了詳細闡釋默照禪的觀念與方法，並與實作交互為用之外，也把默照禪置於佛法與中華禪的脈絡中，以示彼此的淵源，相互映照，不時舉實例以提昇學習的興趣，兼且示範日常運用之道。一連串的開示琳瑯滿目，令人目不暇給，我就個人理解與筆記速度所及盡量記錄，彷佛回到昔日課堂上努力筆記的時光。

近二十年後重新翻閱當時的筆記，師父圓寂已逾十載，睹物思人，處處都流露出弘法心切的慈悲，善巧方便的智慧，令我心中頗有感觸：人生無常，時光流逝，一代宗師功德圓滿，留下禪法利益眾生。底下所錄只是筆記中的一小部分，雖難重現禪堂風光，但可略嘗法味，並多少體現弘法者的禪風。①

①更周全的解說可參閱聖嚴法師的《禪修菁華5 默照》（法鼓文化，一九九八）、《聖嚴法師教默照禪》（法鼓文化，二〇〇四）與《無法之法——聖嚴法師默照禪法旨要》（法鼓文化，二〇〇九）。

禪堂開示要點

佛法修行講究知行合一，觀念與方法並重，特別強調實踐。一般教打坐先教數息法，熟練後再進入隨息法。學默照則可跳過數息，直接到隨息。此法為頓悟法門，若工夫純熟可默照同時，即默即照，即照即默。質言之，默照禪既有照又有默，對於一切現象如實映照，心裡明白卻不加判斷，不添油加醋。師父以鏡為喻，說明「默照」是如實覺知，不另加詮釋。默照是先有照（清楚情況），後有默（不予回應），因此是沉「默」的「默」，不是「木」頭的「木」，不是麻木、發呆、被打昏。從佛法而言，默照禪並非突然出現，早在釋迦牟尼佛時便有「止觀」法門。止的工夫是不動聲色；觀的工夫是清楚明白。

中國的禪法是頓悟法門，沒有著力點就是最好的著力點，故有「無門關」之說：未悟之前，不得其門而入，故無門；悟了之後，已在門內，門也不復存在。悟是煩惱脫落、沒有我執。尚未開悟之人，任憑他人如何解說悟境都無法領會，說者只能旁敲側擊。煩惱障礙開悟，自我中心便是煩惱，必須學習放鬆，進而放下。藉由方法可把片段的放鬆拉長，把局部的放鬆化為全部。由知煩惱、伏煩惱，到斷煩惱，徹底放下身心，此時便是開悟。由煩惱轉為清淨，必須靠修行來轉識成智，化有我為無我。就念頭而言，凡夫生起的是有我的煩惱心，聖人生起的是無我的智慧心與慈悲心。

宏智禪師拈出「默照」二字，易遭人誤解為「心中無事，身體不動」，沒有生機，淪為「邪禪」、「枯木禪」。其實中國禪宗的特色與六祖密切相關，以智慧為原則，在智慧中有禪定的功能，因此定慧不二，不受種種內外環境的影響。保持平常心，做任何事時都在默照，保持頭腦清楚、明朗，安定、不起情緒，故為「動中禪」、「生活禪」。修默照禪時，心不攀緣，當下受用。

默照即日本曹洞宗的「只管打坐」，也就是我只知道我在打坐，出現任何內、外境時，不做任何回應。注意整個身體，不執著於局部的狀態，把身心拉回到當下。注意到干擾時，其實干擾已經過去，卻還在為之煩心、擔心，此時要回到注意呼吸、身體的感覺。身心環境有狀況時，不要煩惱，因為那正是修行的著力點。

晚上的開示則是講解宏智禪師的〈坐禪箴〉②。此箴全長九十八字，文字精簡扼要，意境深遠玄妙，運用對仗文體，終結為意象化語言，以過來人心境留下默照法要，需有高明修行者以心印心，方能體悟其中奧妙，絕非一般尋章摘句、訓詁考證之徒所能領會。全文如下：

佛佛要機，祖祖機要。不觸事而知，不對緣而照。不觸事而知，其知自微。不對緣而照，其照自妙。其知自微，曾無分別之思。其照自妙，曾無毫忽之兆。曾無分別之思，其知無偶而奇。曾無毫忽之兆，其照無取而了。水清徹底兮，魚行遲遲。空闊莫涯兮，鳥飛杳杳。

聖嚴師父上承數百年前開悟人語，下接來自四面八方、根器不一的當代社會人士，反覆說明，就近取譬，連結佛法的出世間智與一般的世間智，落實於禪堂的情境與禪眾的需求。這種方式迥異於學者式的箋註考證，而是以個人的禪法修為，體悟前賢的內心世界，透過表面上的說文解字、詮章釋句，傳達默照同時、定慧等持的法要。透過師父諄諄善解、循循善誘的開示，配合禪堂的實修，禪眾深者見深、淺者見淺，各有領會。

默照禪既為中華禪的一支，屬於佛法，因此開示中也有關於佛法的重點說明，以大見小，以小見大，互參互證。如解說三法印、十二因緣、因緣果報；說明直觀、空觀、中觀的關係與次第；指出禪宗思想是如來藏緣起，堅信人人皆可成佛。悟者得智慧、解脫，成聖成佛；迷者是心中的如來困於煩惱中，以致不知有如來。因此修行人要有信心，相信自己有如來的智慧與慈悲，只要修

---

②聖嚴法師在不同禪修場合解釋過〈坐禪箴〉，印象中我至少聽過兩回。有興趣者可參閱〈默照禪〉一文，原刊於《人生》雜誌第一五四與一五五期（一九九六年六—七月），為法師一九九五年六月於英國威爾斯的禪七開示，包括解說〈坐禪箴〉與《宏智禪師廣錄》。後來摘錄〈坐禪箴〉部分，易名〈青山不礙白雲飛——〈坐禪箴〉解釋〉，收入《禪修菁華5 默照》，頁十七—二十五。二〇一九年《聖嚴法師教默照禪》大字版（法鼓文化，二〇一九）比先前版本增加〈英國威爾斯默照禪七開示〉一文，即該次禪七開示，該文第二部分「宏智正覺禪師默照禪」第一節便是〈坐禪箴〉（頁二三二—二三八），與〈青山不礙白雲飛〉只有一段文字之別。

行，煩惱便會一點點減少，智慧則會一點點增加，其過程有如發現礦苗，採礦，煉治，終成純金。

修行有次第，開悟無階段。師父以往多次開示禪修時心的四個層次：散亂心、集中心、統一心、無心。此次配合默照禪再加說明。第一階段散亂心時，念頭一群群、一堆堆來，就把它們當成一群小狗，不理不睬，不迎不拒。第二階段集中心時，就專心於打坐，知道自己在打坐。第三階段統一心時，則安住於當下的念頭，念念分明，清楚明白，到達身心統一、內外統一。工夫純熟、因緣具足時，瓜熟蒂落，水到渠成，第四階段無心的境界自然出現。

此外，師父期勉學員要有大信心、大願心、大奮心，說明出離心與菩提心的重要，懺悔心與感恩心的意義，闡釋禮拜的四個層次：祈求、感恩、懺悔、無相……。當說到大地觀兼具感恩與懺悔時，我不禁點頭，師父說：「一號知道，那是很久以前了。」最後一天上午，師父鼓勵禪眾要學法、護法、弘法，把個人受益於佛法之處體現於生活、家庭與工作中，自利兼且利他。臨別贈言，慈悲心切，令人動容。

筆記也記載了個人參加這次禪七期間所發生的前所未有的狀況。上山前三天閃到腰，雖然用上中藥、護腰與狗皮膏藥，也請人推拿，但畢竟不是短期就能恢復。而且為了打七，趕著把手邊不少事情告一段落，身心負荷大於平日，以致第一個整天便昏沉，竟連數息都數不來，第二天則是打嗝兼哈欠連連。師父在小參時指示，既然閃到腰，打坐與運動在可能範圍內即可，不必勉強，至於昏沉與哈欠則是體力不足。接下來幾天逐漸進入狀況，隨眾作息。第五天下午小參時請示師父，因為閃腰這些天沒參加立姿與坐姿運動，單盤盤不來，也沒參加整炷香的拜佛，如今只剩下一天半該如何用功？師父直截了當地說：「看哪種方式讓你比較心安。」這讓我生起慚愧心，於是倒數第二天下午有兩炷香便用單盤，下午大地觀禮拜時大半時間也是隨眾禮拜。

有趣的是，筆記中還記下師父講的一個故事。有小偷偷了法鼓山的車子，一般說來這種竊案破獲率不高，然而小偷還是被逮到了。師父說，這小偷只看到車子一側的標語「我為你祝福」，卻沒看到另一側的標語「需要的不多，想要的太多」。講完之後，禪眾哄堂大笑，精神為此一振，正好繼續用功。禪師度眾手法鬆緊自如，靈巧搭配，令人歎服。

找出這本禪七筆記，重新翻閱，勾起往日回憶，不僅重溫默照禪的要點，更慶幸有此福報，近距離親身領會一代禪師的慈悲與智慧，為了接引條件、根器不同的眾生，善巧方便，破例允許這批禪眾筆記，帶回山下的紅塵世界。至於我後來翻譯《無法之法——聖嚴法師默照禪法旨要》，或許就是那年初春在法鼓山上冥冥中結下的法緣，令人深感因緣不可思議。

終身「學」習「者」

古人以「學富五車」來形容學問淵博，如今一支USB的容量都不知超出它多少倍。藉由搜尋引擎與數位資料庫，可在瞬間完成古人一輩子無法盡讀與清查的資料。然而，文獻、資訊不等於知識，遑論智慧。世間許多事不只是資料、知識的累積，更必須身體力行方能受用，修行更是如此。正如身兼宗教師與學問僧的聖嚴師父所提示：「學問的領域重在研究，經驗的範疇則為實踐」；「智慧，不是知識、不是經驗、不是思辯，而是超越自我中心的態度。」因此，如何去除我執才是為人處事、自利利人的世間智與出世間智的要素。

社會上對「學者」往往心懷敬意與期許。我身處學院多年卻不敢如此自詡，但樂於把「學者」定義為「終身『學』習『者』」，讀書、寫作便是我生活與生命的重要部分，以研究、著述、翻譯、訪談回饋社會。然而閱讀的輸入與寫作的輸出之間比例懸殊，經常為一篇論文苦思多日，勤搜資料，廣泛閱讀，取精用宏，耗費心力卻成果有限，猶如蜜蜂辛勤往返於百花之間才採得一點點花蜜。坐擁書城，不時撫摩，神遊其間，固為人生樂事。但在績效掛帥的時代，學界已難有悠遊的空間，閱讀也變得目的性很強，計畫導向的研究方式更令人沒有餘裕閱讀與學術產出沒有直接相關的書籍與文字，使學人的胸襟與眼界有益形窄化之虞，思之令人悵然。然而生命的寬廣多樣豈限於學術研究?!因此，閱讀與專業看似無關的書籍與資料，也算是努力開拓些許自主的空間，焉知眼前看似無干之物，不會在因緣際會下觸發創意，開拓新方向？

只不過生也有涯，學也無涯。書籍多年來以蠶食寸進之勢，侵蝕住家與研究室的空間。我曾以「自己這輩子再不會讀這本書」為由，幾度清理藏書，與不同機構結緣。也曾有段時期勉力克制買書，後來轉念一想，年事漸長，人生有限，難得對知識仍如此好奇，既然有緣就先買下，將來再做打算，說服自己繼續買書。然而看到室內一本本、一摞摞未讀的書，又不免感到知識的壓力。

不久前讀到臉書朋友分享的一篇英文文章，作者顯然也是戀書成癖，卻另有一番說詞。該君指出，不少人以書多為患，尤其為手邊未讀之書感到內疚。其實，這些書恰恰提醒個人，不要以現有知識自滿，要長保精進探索之志。此說深得我心。因此，在有心、有力閱讀的情況下，繼續求知若渴、愛書如癡，正如賈伯斯（Steve Jobs）期勉史丹佛大學（Stanford University）畢業生的："Stay hungry. Stay foolish."（求知若飢，虛心若愚。）而修行也不以少為足，明白體認卻不執著於世俗意義的「飢」與「愚」，都是往前奮進的動力。

既然如此，那就努力清楚覺照書齋中的書災罷！

（二〇二〇年三月六日於臺北南港）

天下沒有白打的禪七

距一九九二年，個人首次在法鼓山觀音殿接觸禪修二十六年後，於二〇一八年初再度上法鼓山打七，「賺到」了一個原本不敢奢望的禪七。巧合的是，一九九三年初次在農禪寺打禪七，適逢三十八歲生日，結束後彷若重獲新生，這次上山打七，也是生日期間，飛逝而過的，是其間的四分之一個世紀！

禪宗主張修行與生活合一，行住坐臥總是禪，凡夫如我距離任運自在的境界遙不可及，但依然珍惜禪修七天得來不易的清淨身心。回到原先的生活環境中，如何「保任」、「善自珍攝」便成為最大的挑戰。我自知能力有限，不能持久，但也不願立即故態復萌，於是帶點遊戲與挑戰的心理，來觀察自己如何改變生活中的習慣，包括不開電視、不看電影、不喝茶和咖啡、不在手機與筆電上看新聞……，發現不僅免去不少干擾，空出更多時間，而且做事更專心、有效率。如今已過了一個月，依然持續於這種「遊戲」中，待看何時一一「棄守」（校對此稿時已滿三個月，前兩項尚維持）。

在生活中複製出坡禪

禪七出坡以不繁重的勞務為主，避免餐後立即休息、打坐或激烈活動，有益身心。以往我經常於早餐後看手機訊息，午餐後在研究室上網看新聞（有段時間也整理研究室，可惜未能持久），晚餐後看公視新聞。記得先前有次禪七時，師父說有些人的日常生活環境很亂，那禪七是白打了。因此，這次禪七回來，我打鐵趁熱，於三餐後著手整理住家和研究室裡累積多年的書籍與資料，以三十分鐘為基準。但進入狀況後，為了讓工作告一段落，經常超過預定時間，偶爾竟長逾一個半小時。三週內已將家裡的書籍與資料大致整理一遍。

多年來，累積了許多專業領域的書籍，加上興趣廣泛，養成「雜食」的閱讀習慣，從國內、外買了許多專業以外的書，網路書店的出現更是大開方便之門，因此不僅書滿為患，而且疏於整理，有時忘了有書，以致重買，或明知已買，卻「雲深不知處」，徒呼負負。

這次禪七回來，下決心「重整山河」，將家裡的書籍分門別類，不僅更有秩序，過程中還不時為翻出埋藏已久的書而驚喜連連，至於一些重複購買的書，則將與人結緣，也可節省自家空間。整理完住家之後，繼續鎖定已累積三十四年的研究室，雖然任務更為艱鉅，但希望能持之以恆，還給自己一個較好的研究空間，在退休前後以更多書與不同單位和人士結緣。

與以往禪修功效相較，一九九二年的禪修營因初次接觸禪法，效果最為顯著，三天禪修的效應大約延續半年，連出國旅程中都覺得安心自在。此後的禪七也各有不同收穫，然而返家之後，身心與習慣的改變都比不上這次，連同修也驚異，因此我正以欣賞及好奇之心繼續觀察。

真切感受師父的悲願

這次「賺到的」禪七，再度證明了因緣不可思議，參加之後心裡頗多感觸。首先就是再次折服於聖嚴師父的悲願。此地從一九九二年禪三時，只有孤伶伶的一座觀音殿（已拆除多年，殿內的觀音像如今是高踞峰頂的開山觀音），舉目四望遍地荒煙蔓草，到如今成為名聞遐邇的世界佛教教育園區，完全來自師父的高瞻遠矚與悲心弘願。

記得在興建法鼓山的漫漫歲月中，師父曾多次說過，其實他心中的法鼓山已經蓋好了，他自己並不需要法鼓山，現今的法鼓山是為了其他需要的人而建設的。的確，師父若是為了一己清修，根本不必如此勞心勞力來興建那麼廣闊的佛教園區。然而在艱辛的過程中，有效凝聚了四眾弟子的向心力，示現了定慧等持、悲智雙運的禪師風範。

今天大眾得以參訪法鼓山，在禪堂中禪修，都是受惠於當年師父的開山弘願，以種種方式來接引廣大眾生。正如師父在開山紀念館的〈開山偈〉所言：「開山的意義，是每個人開自己心中的寶山，就是如何成就智慧、成就慈悲心，來共同為我們的社會、為我們的世界，提供和諧、平安、快樂、健康……。」在自利利他中，邁向建設人間淨土的目標。

另一個深切的感觸，就是人生難得，歲月飛逝，時不我予。生日／母難日當天，我站在禪堂的長廊，透過大片透明玻璃，看著窗外的景色，一生中的重要片段歷歷在目：在世學方面，小學、初中、高中、大學、研究所、中研院、服兵役、前往美西、美東與英國等地訪學，在職位上一路晉陞，在專業領域擔任不同職務；在學佛方面，由自學佛書、皈依三寶、禪三、禪七、翻譯師父著作、撰寫學佛文章、出版文集，參加讀書會、演講與座談，在不同場合與人分享……。難以想像初次在法鼓山禪修，竟已是二十六年前的事了，我也由原先未到不惑之年，進入了耳順之年，四分之一個世紀轉眼即逝。

昔日在農禪寺一塊打七的果醒法師和繼程法師，如今俱為師父獨當一面的法子。果醒法師已是禪堂堂主，以禪法廣度眾生；繼程法師著作等身，在世界多處主持禪修，弘揚中華禪法鼓宗。

反觀自己，雖在專業領域一路前行，掙得些許薄名，但在禪修上依然故我，美其名曰與生活結合，至今卻仍與腿痛和數息奮鬥，想來真是慚愧！儘管如此，這次禪七圓滿仍是讓我恢復相當的自信，只要有心，準備妥當，依照禪堂規矩行事，覺知自己身心狀態，年紀大並不是太嚴重的問題。

不做說食數寶之徒

這些年眼見不少長輩與同輩相繼辭世，自己的身心狀態今非昔比，因此對禪修期間每日晚課的「是日已過，命亦隨減」感受尤深。在大堂分享時，我特地奉勸年輕人禪修應趁早，至於年長者也要把握良機，及時精進，在自我挑戰的同時，抱持著遊戲三昧的態度，在輕鬆平實中穩步前進。

師父在開示中勸勉禪眾要實修，切莫淪為說食數寶之徒，並講了感應篇中鸚鵡學舌的故事。話說某寺有隻鸚鵡每日耳濡目染，學會念佛，雖然無心，仍有功德，往生後埋入土裡，從喙部長出一朵蓮花。我個人雖號稱學佛，寫了一些相關文章，幫師父翻譯了四本禪書，但平日欠缺真修實練，類似鸚鵡，因而想起「大象披瓔珞」與「羅漢托空缽」的佛偈，想想自己應屬「鸚鵡空學舌」了。慚愧之餘，只有期望此次禪七之後，在行住坐臥間能多多提起正念，將禪法落實於生活中，以後若有機緣再度前來打七。

另一件值得高興的是，師父畢生重視文化教育，強調理念的傳播與人才的培育。我們在禪七中接受「果」、「常」字輩法師的教導與照顧，深慶師父後繼有人，「演」字輩的學僧也後生可畏，令人歡喜讚歎。二〇一七年九月，我參訪龍門石窟看經寺，看到中央的本師釋迦牟尼佛像，以及三面石壁上由初祖大迦葉到菩提達摩二十九位西土祖師的雕像，立即想起菩提達摩前來中國開創禪宗，到六祖惠能「一花開五葉」，一路到身兼曹洞、臨濟二宗傳承的聖嚴師父，再到身為師父僧俗四眾弟子的我們，這種一脈相承，正體現了禪堂高掛的匾額上的「傳燈會」三字，令人期待這些後起之秀的僧才，再創漢傳佛教的高峰。

總之，此生有幸聽聞並修習佛法，有緣在師父座下皈依三寶，修習教義與禪法，翻譯師父著作，雖然平素未能認真修行，但仍多少依循師父為我們鋪下的軌跡緩步前行，在人世間仰仗佛法度日，在生命中依靠禪修前進，由而立之年的青絲，到耳順之年的鶴髮長鬚。此生尚有多少功課在前不得而知，但確認的是，個人有幸在佛法的引領與師父的庇蔭和指導下，步步邁向那不可避免的終點，只願到時能交出一張不太難看的成績單。

無心可得的心得

禪期禁語，著重當下，希望達到過去心不可得、未來心不可得、連現在心也不可得。既然無心可得，事後撰寫心得也只是葛藤，多此一舉，但為了分享，卻又不得不寫，權充望月之指，渡河之筏。禪七的好處不勝枚舉，因此本文標題「沒有白打的禪七」，從上文便可看出本人的感觸與心得。

另一方面，因為果賢法師的因緣與善巧方便，讓我多少在誤打誤撞之下得以突破多年心理障礙，再次上山打七，因此必須交出此篇「作業」，以示回饋與供養，是為該標題的另一意。也多虧如此，我才能整理思緒，勉力完成這篇文章，誌此殊勝因緣。

（原載於二〇一八年五月《人生》雜誌四一七期）

為《人生》七十暖壽

二〇一八年六月二十七日，由《人生》雜誌與法鼓文化主辦、普化中心與聖嚴教育基金會協辦的「佛教世界村」座談會（Global Buddhist Village Symposium），邀請有法緣的國際佛教僧團負責人，以及東、西方具代表性的佛教文化工作者與學者共襄盛舉。筆者忝為《人生》雜誌與法鼓文化的作者與譯者，平素即留意網路上一些國外佛教文化界的動態，出國時也到連鎖書店與獨立書店翻閱宗教書籍與雜誌，因此應邀主持下午的「佛教文化的全方位發展」（Multi-dimensional Development of Buddhist Cultures）座談會，為《人生》週年七十暖壽，備感榮幸。在事前準備與當天座談的過程中，與國內外佛教出版界的法師與專家學者交流，受益良多。

回顧《人生》雜誌的出版歷史，個人認為有以下幾個不可思議之處。首先是創刊時的不可思議。遙想一九四九年國共內戰稍稍緩和，島內白色恐怖橫行，人心惶惶，安身立命尚且困難，哪有「餘裕」顧及宗教出版？然而東初老和尚秉持太虛大師「人生佛教」的理想與理念，不畏艱辛，竟然選擇在那個年代創立《人生》雜誌。一九四九年五月十日的創刊號上，由「圓明」署名的〈我們的宣言〉中，視當時的臺灣「是佔有絕對天時地利和人和的優勢的！很可做為佛教由中國到世界去的一種橋樑。我們要把握著這個優勢，從臺灣佛教自身先健全起來，逐步向全世界開步走，淨化現代的人生，挽救現代的人類，實現人類永遠的和平，這是本刊的使命。」這段鏗鏘有力的宣言，讓人聯想到狄更斯（Charles Dickens）《雙城記》（*A Tale of Two Cities*）的著名開頭：「這是最好的時代，也是最壞的時代；這是智慧的年代，也是愚蠢的年代；這是信仰的時期，也是懷疑的時期；這是光明的季節，也是黑暗的季節；這是希望的春天，也是絕望的冬天……」不禁令人佩服創刊者的膽識、遠見、信心、願力與執行力。

其次便是文字因緣的不可思議。既然出版刊物，就必須有稿源。不論是為了弘揚佛法的遠大理想，或僅是為了填充版面的現實考量，都必須要有能文善寫的作者，以及將這些理念傳播給讀者的編輯與發行者。一些青壯輩的佛教人士在東初老和尚知人善任或師命難違的情況下，寫稿、編輯、校對、發行……，進而培養出一批以文字般若弘法的人才。聖嚴法師在一九九二年五月第一〇五期〈勉《人生》改版發刊〉一文中，便提到於《人生》雜誌前十三年擔任過主編的「成一、星雲、心悟、性如、楊白衣等十多位法師及居士」和身為最後一位主編的自己，肯定「《人生》為不少人帶來了歡喜與安慰，為時代的佛教盡了言責，也為佛教界磨出了若干人才」，並期待「一本復刊的初衷，以踏實、素樸、莊嚴而富人性的步伐繼續走下去」。如今《人生》雜誌已步入第四二〇期，更加穩健地向前邁進。

第三就是文字功德的不可思議。刊物發行有供應面與需求面，除了作者與編輯之外，佛法傳播的另一端就是讀者，其中固然包含了僧俗四眾的佛弟子，然就佛法的弘化與刊物的經營、推廣而言，更希望開拓對象，培養出更多的讀者，達到積極入世、淨化人心的效應。《人生》雜誌儘管曾因主客觀因素而停刊與復刊，然而從早期的雜誌型月刊，歷經小報型的季刊、雙月刊，再回到月刊的雜誌型態，近年來更每月針對一個專題匯集文章或訪問，都顯示出努力以深入淺出、善巧方便、活潑多元的方式回應時代需求，以期宣揚正法，接引眾生。其中重要的單元，如「大覺智海」、「大千世界」、「寰宇側記」、「清心自在」、「牧牛心旅」、「寶鏡無境」都行之有年，深受讀者喜愛，發揮潛移默化之功。部分文章且結集成書，產生更持久的影響力。

集諸多不可思議於一身，《人生》走過七十年歲月，更是一大不可思議。因此，「佛教世界村」座談會可說是為《人生》雜誌別出心裁的暖壽活動。透過國內外佛法實修者和文化傳播者的互動，分享彼此在執行理念與落實理想上的經驗，以及如何面對當今閱讀文化改變的挑戰，藉由運用新科技、新媒介、新方法來推廣佛法，讓娑婆世界有緣眾生，能從更多管道獲得法益，達到淨化人心與社會的目標。

值此《人生》七十當頭之際，謹表達兩個祝願。首先，在艱苦環境中創刊，走過風雨歲月的《人生》雜誌，在臺灣／中華／世界佛教中都扮演著承先啟後的角色，擔當著捨我其誰的重任。七十年對許多雜誌而言已是古稀，然而《人生》卻是七十才開始，期盼能永續經營，迎接更多個七十年。

其次，七十年的《人生》雜誌已累積了豐富的經驗與寶貴的心得，成為華文世界的代表性佛教刊物。寄望未來在題材和呈現上能「從心所欲不逾矩」，只要不離弘揚正法的初心，符合世情國法的規範，就當更揮灑自如、自在多元，進一步落實佛法的人生化、普及化與世界化，繼續以華文讀者離苦得樂之筏自勵。

（二〇一八年七月十二日於臺北南港）

我的《心經》因緣

軍中偶遇《心經》

營房旁的草坪上幾個人圍成一圈，坐在各自攜來的小板凳上，雙膝上平擺著圖板，手中捧著政治教育教材。即使到了秋天，南臺灣上午的陽光依然熾熱逼人，不過待在綠色營房的陰影下，陣陣清風吹拂，帶來些許涼意，倒也讓平日持步槍打野外的新兵得到片刻的輕鬆與紓解。

時間是一九八六年，地點是高雄鳳山陸軍步兵學校，幾個月前剛拿到比較文學博士學位的我，成為中士入伍生，與同梯次的預官一起接受為期四個半月的入伍訓練，此時正與班兵參加莒光日政治教育小組討論。

政治教育的目的是為了宣揚政令，鞏固領導中心，對抗敵人，對我們這批預官來說，內容頗為單調枯燥，卻是軍中的重頭戲，除了閱讀、討論，還要撰寫心得報告，由人批改。雖是政治八股，但事關平日考評，以及結訓後的分發，倒也不得不依樣畫葫蘆。

在各人輪番口頭報告後，面面相覷，陷入無言的尷尬。這時一位學員取出一個深色的袖珍本子，攤開。大夥兒好奇，紛紛湊過頭去，只見本子上畫著豎格，字體甚大，方正典雅，沒有標點。這位同學不無得意地告訴我們，這就是他隨身攜帶的《心經》。

《多心經》豈是多心？

我最早是從中國古典章回小說《西遊記》得知《心經》的。在第十九回〈雲棧洞悟空收八戒　浮屠山玄奘受心經〉中，烏巢禪師傳授《心經》給發願赴西天取經的三藏法師時說：

「路途雖遠，終須有到之日，卻只是魔瘴難消。我有《多心經》一卷，凡五十四句，共計二百七十字。若遇魔瘴之處，但念此經，自無傷害。」三藏拜伏於地懇求，那禪師遂口誦傳之。經云：《摩訶般若波羅蜜多心經》……此時唐朝法師本有根源，耳聞一遍《多心經》，即能記憶，至今傳世。此乃修真之總經，作佛之會門也。

當時年少，未曾接觸佛教經典或相關書籍，不知此處出現兩次的「《多心經》」可能為訛誤（梵文「摩訶／般若／波羅蜜多」即「大／智慧／到彼岸」之意），或者意在諷刺，別有用心。

公認《心經》是最短的佛經，最通行的漢文版本係由玄奘法師（六〇二—六六四年）譯自古梵文，僅兩百六十字，此處所說的「二百七十字」包括了經名的十個字。《西遊記》中引用此譯本可能因為主角就是唐三藏，而他的譯本最為風行；另一方面，通俗小說《西遊記》的引用，也使得玄奘法師的《心經》譯本更廣為人知。有學者指出，《心經》在《西遊記》中總共出現十五次，而「心」字出現的回目更高達二十九個。①

雖然有人認為《多心經》一說也成立，但根據梵文音譯或中文註釋，此說有些牽強。個人更傾向於認為，「多心經」一詞既是吳承恩典型的幽默與諷刺，更是伏筆，套用中國傳統小說評點的術語，就是「草蛇灰線」。十七世紀的金聖歎指出此法：「驟看之有如無物，及至細尋，其中便有一條線索，拽之通體俱動。」一直到第七十九回〈尋洞擒妖逢老壽　當朝正主救嬰兒〉，講述比丘國國王寵愛美后（白面狐狸化身），以致形容枯槁，身染重病，因而聽信國丈（原為南極仙翁的坐騎白鹿精）的妖言，不但要一千一百一十一個小兒的心肝做藥引（一千多個心豈非「多心」?!），還要取唐僧的心肝做為延壽藥的藥引，於是孫悟空化作師父的模樣，前來降妖。這段故事不僅情節精彩，富於想像，而且寓意深遠，直扣「多心」的旨趣。

悟空變身的假唐僧聽國王說要取自己的心肝，便問：「心便有幾箇兒，不知要的什麼色樣？」（此問不知是否指涉一則著名禪宗公案：老婆婆問向她買「點心」的德山禪師：「《金剛經》道：『過去心不可得，現在心不可得，未來心不可得。』未審上座點哪箇心？」）

一旁妖怪化成的國丈指定：「要你的黑心。」

悟空爽快答應：「既如此，快取刀來，剖開胸腹，若有黑心，謹當奉命。」於是孫行者接過一把牛耳短刀，「解開衣服，挺起胸膛，將左手抹腹，右手持刀，唿喇的響一聲，把肚皮剖開。」驚異的是，假唐僧並未當場血濺三丈，而是從肚子裡「骨都都的滾出一堆心來」，令在場的文武百官人人膽戰心驚。

國丈見狀便道：「這是箇多心的和尚。」悟空當眾一一檢視那些血淋淋的

---

① 張艷姝在《《西遊記》佛禪思想考釋》（吉林大學出版社，二〇一七）一書中，分別引用曹炳建的〈《西遊記》中所見佛教經目考〉（頁九十五註五）與楊俊的〈試論《西遊記》與「心學」〉（頁九十二註五）。

心，只見「都是些紅心、白心、黃心、慳貪心、利名心、嫉妒心、計較心、好勝心、望高心、侮慢心、殺害心、狠毒心、恐怖心、謹慎心、邪妄心、無名隱暗之心、種種不善之心，更無一箇黑心」。

昏君嚇得要他趕緊收了去，孫悟空當下「收了法，現出本相」，並直言：「陛下全無眼力。我和尚家都是一片好心，唯你這國丈是箇黑心，好做藥引。你不信，等我替你取他的出來看看。」

國丈識得現了本相的齊天大聖，連忙取出蟠龍枴杖應戰，交手二十多回合，不敵，便化為一道寒光逃之夭夭。

這段故事遙遙呼應六十回之前的《「多心」經》，手法魔幻，寓意深切，頗為具象地呈現了心之繁雜不善。我年少閱讀時印象深刻，逾半世紀依然難忘，足見吳承恩筆下的功力。後來研究中西比較文學時，讀過有關《西遊記》的論文，得知《心經》有諸多譯本，但並未追索原典閱讀。沒想到竟在行伍之間與裝幀精美的袖珍本《心經》意外相逢，機緣的確特殊。

熟悉但玄妙的經句

我當場向袖珍本的主人借來一閱，赫然發現「唐三藏法師玄奘奉詔譯」數字，心中欣喜有此奇緣。一讀之下，發覺有些地方平順，有些字句早已耳熟能詳，如「色不異空空不異色」、「不生不滅不垢不淨不增不減」，但從不知出自此經，有些詞彙前所未見，若干地方不知如何斷句，經末的咒語更是艱澀難誦。全經雖然字數不多，卻難倒我這個新科比較文學博士。總括我對《心經》的初體驗就是：文字精簡，義理幽微，玄妙難測。

根據我當時粗淺的佛學常識，《心經》是最短的佛經，呈現的是佛法心要，因而有意進一步了解。入伍訓練期間，每週只有一天例假，而且是早上放假、晚上收假的「點放」，無法北返探望家人，心情苦悶的我只能到高雄的書店或佛寺翻閱佛書，其中不乏闡釋《心經》的著作。在稍微了解之後，益發覺得此經高明深奧，於是生起抄錄的念頭。

然而，入伍訓練從早到晚時程非常緊湊，凡事集體行動，幾乎沒有獨處的時間。猶記得為了手抄此經以便隨身攜帶，我利用操練的休息空檔，在大寢室一頭的儲藏室內，倚著收納衣服雜物的置物櫃，站著用原子筆一字一句抄寫。抄到一半，哨聲響起，只得匆匆收筆，趕出去集合。短短兩百六十字的經文分兩次才抄完，夾在隨身的小記事本內，不時取出閱讀。

背誦《心經》的自我要求

真正有心背誦《心經》，是在預官結訓後，分發到鄰近的中正國防幹部預備學校，以步兵少尉排長的身分，擔任空軍營海軍連的隊職官，與這批高中軍校生朝夕相處，兩星期才能休假一次。由於與另一位排長共用一間寢室，擁有自己的空間，書架上擺的幾乎全是佛書。這一年半成為我平生最大量專注閱讀佛書的時期，試圖在書裡找到逆境中的安頓身心之道。

我自中學便排斥背誦，大一國文會考必考默寫，占總分四十分，也就是不背誦就無法及格，一定要重修。好不容易會考之後，心想這輩子再也不用背誦了。沒想到來到軍中，正值郝柏村擔任參謀總長，要求三軍官兵背誦《國軍教戰總則》，搭配抽背、默寫等各式測驗，未通過者會遭到扣假等處分，令許多人叫苦連天。

萬萬沒料到這項嚴苛的規定，反倒成為我的增上緣。我原先甚為排斥此事，但轉念一想：在軍中不過一年十個月，與其背誦這些看似冠冕堂皇、實則文意含糊、邏輯夾雜的文字，不如借此機緣背誦可終身受用的佛經，豈不更好?!心意既定，就馬上行動。只是，要背哪部經呢？我一向記性不佳，抗拒背誦，偏好單純，那就找最短的佛經好了，於是選擇了《心經》與《八大人覺經》。

由於十多年未背誦中文，花了不少時間重拾舊技，再加上軍中事務繁多，時間零碎，難以自主，因此進展甚慢。直到結訓分發到中正預校，發覺監考時最便於背誦，既沒有外界干擾，也可打發漫長時間，便花了些工夫逐漸背熟這兩部最短的佛經，也發覺兩者大異其趣。

體悟《心經》的智慧

《心經》篇幅雖短，卻是濃縮精鍊的佛法心要，若不看箋註說明，很可能一輩子不得其解。《八大人覺經》全文三百七十二字，雖比《心經》多出將近二分之一，但層次分明，語意清晰，方便循序進入。有關後者的解說，我最早讀到的是星雲法師的《八大人覺經十講》。至於《心經》的解說則蒐集並閱讀了一些，多少有些領會，于凌波居士的《般若心經蠡解》尤其清晰明瞭。印象最深刻的，則是廣欽老和尚直截了當的開示：該經最緊要處，是開頭的「觀自在菩薩行深般若波羅蜜多時照見五蘊皆空度一切苦厄」。

只是，以上所說的還是局限於背誦與理解，即使偶有會心或安心之處，如「心無罣礙」或「無有恐怖」，仍限於知性的層面。真正對《心經》有「感覺」是在五年後，一九九二年二月的社會菁英禪修營。那三天中，聖嚴師父口中這些「頭角崢嶸」的各方人士，聚集於仍是荒煙蔓草的法鼓山上，由師父在唯一的觀音殿內引領禪修。上方是觀世音菩薩（即後來的「開山觀音」）以慈眼俯視這群「自投羅網」、腰痠背痛、受苦受難的眾生。除了盤腿打坐之外，最難適應的就屬禁語了，一些平日口若懸河的教授、名嘴、民意代表、大集團發言人等更覺難耐。全天只有早晚課可以大大方方開口出聲，不少人便把握這唯二的時段隨眾唱誦，一吐胸中鬱悶。

從小到大參加過的各種儀式難以勝數，成年後對這些行禮如儀的活動避而遠之，因此參加完整的早晚課對我是完全陌生的體驗，各式各樣音譯的咒語更是莫測高深，目視、心領、口誦、耳聽未能合一，往往一分心就不知念到何處。相較之下，已會背誦的《心經》就異常熟悉了，可以不看課誦本，口誦心惟，耳中諦聽，隨著維那的引領與莊嚴的梵唄，起於心，出於口，入於耳，又進於心，高下跌宕，聲息起伏，除了「心領」之外，尚有肉身的「體會」。那種感受或許可用「體驗知識」（embodied knowledge，又譯「體現性知識」）來形容，是迥異於只有知性理解的另類「知」與「識」，從而對《心經》有另一種的領會與體驗。

後來隨著個人在翻譯研究與實踐兩方面繼續深入，對於玄奘三藏法師身為留學生、學問家、辯經師、冒險家、旅行家、翻譯家的多重角色與偉大貢獻更加欽佩。曾有翻譯所的研究生以〈玄奘大師負笈行腳圖〉與我結緣，有段時期我負責行政職務，就把這張圖裱框掛在座椅對面的牆上，一抬頭就能看到大譯經師的形影。後來在應邀演講翻譯時，我屢屢以玄奘法師翻譯的《心經》為例，說明一位七世紀譯者筆下的經文，一千三百多年後依然在寺院的早晚課中為人誦念，以這種穿越時空的力道，來印證翻譯的力量與譯者的貢獻，鼓舞年輕的譯者與學生，期許他們心存此一典範，做為畢生景仰與效法的對象，培養奮進向上的精神與虛懷若谷的態度。

《心經》成了早課內容

我個人的早課當然也納入《心經》。二〇〇五年夏天，我前往美國加州研修一年，那時《聖嚴法師一〇八自在語》剛出版，簡潔有力的法語頗有直指人心之效，更何況其中不少語句先前在不同場合便已耳熟能詳，益發覺得親切，因此也納入早課，並以《自在語》銜接《心經》。對此，我個人的領會是：《心經》為佛法核心要旨，言簡義豐，境界高超，而身為居士的我，做完早課後就必須進入紅塵，在職場及俗世中待人接物、應對進退，因此平易近人、沒有明顯宗教色彩的《自在語》，正好做為佛法與世間法之間的橋樑，讓我從般若要義過渡到日常生活。如此不知不覺至今也已十多年。

回想這輩子與《心經》的因緣，從中國古典章回小說所播下的種子，到博士後軍旅生活中的初識與發心背誦，到禪三中的梵唄誦念與親身體會，再到平日的早課以及與翻譯結合的專業研究和演講，早已成為我日常生活的一部分，未來也當持續信受奉行。

是為我的《心經》因緣。

（原載於二〇一九年十二月、二〇二〇年一月《人生》雜誌四三六、四三七期）

輯二・學者之學

看似尋常卻奇崛

聖嚴法師英文禪書中譯背後的故事與奧義

「咦？找錯人了吧？這種有關宗教經典翻譯的論文，我怎麼寫得來?!」

二〇一六年二月中旬，我接到老友、北京清華大學翻譯與跨學科研究中心主任羅選民教授的電郵，邀請我參加同年五月於該校召開的第三屆全國宗教經典翻譯研討會，這是我當下的心理反應。①

稍年輕時，接到自認與專長不符的邀請，無論是演講、研討會或座談會，我幾乎都立即婉辭，以便集中心力於個人鑽研的領域。年屆花甲之後，不知是身心反應慢了，還是不願過於決絕，學會為自己保留一段「緩衝期」或「猶豫期」。畢竟對方熱心邀請，而且認為與我的專長有關，就不妨趁機思考如何彼此連結，給自己一個腦力激盪、發揮想像、拓展視野的機會。若是過了幾天實在想不出來，再婉謝也不遲。

擴大宗教經典翻譯的範疇

雖然是學者，也是佛教徒，但我一向把佛教認定為個人安身立命、終極關懷之所在，而不是鑽研的領域。佛學浩瀚，身為比較文學學者的我，自認難以兼顧，所以從未妄想以佛教學者自期。至於個人與宗教翻譯勉強拉得上關係的，則是曾有機緣中譯聖嚴法師的幾部英文禪學著作。既然如此，我就朝這個方向思索，看能不能想出既可運用上個人的翻譯研究與實務經驗，又足以在研討會上宣讀的學術論文。

---

①此次會議由中國英漢語比較研究會與中國宗教學會主辦，清華大學承辦，香港全球文明研究中心協辦，二〇一六年五月十四、十五日於北京清華大學召開。

我反覆讀了幾遍電郵和研討會的徵稿啟事，了解會議的主旨與相關議題，並蒐集了前兩屆研討會的資訊，發現以往的論文幾乎全扣緊宗教經典翻譯，如歷史的考證、內容的考據、義理的商榷、文義的詮釋、專有名詞的探討，以及中文的再現等自成格局，與晚近盛行的翻譯理論甚少交集，也不多見談論個人翻譯經驗。

於是我多方考量如何另闢蹊徑，善用這個突如其來的因緣，針對會議主題，將翻譯理論結合個人實踐，以聖嚴法師的禪學作品中譯為例，闡發並擴大「宗教經典翻譯」的範疇，而且連結到當代的實際案例。

經過三天思索，決定以「禪宗經典之翻譯／返譯：聖嚴法師英文著作中譯之我見」為題，以示所呈現的只是一己之見，難免有局限、甚至偏執之處。我把論文題目與摘要寄給主辦單位，希望有機會和與會學者專家——其中許多是資深的宗教研究學者，也不乏宗教經典翻譯者——共聚一堂，切磋攻錯，拓展彼此視野。獲得主辦單位首肯後，便確立方向，蒐集資料，撰寫論文。

反思譯介成果的機會

雖已廁身學界逾三十載，也出版過翻譯研究的專書，但撰寫這類論文還是第一遭，即便自認有些經驗、體會或心得，也可能有些許創見，但在宗教經典翻譯的領域畢竟是初試啼聲，絲毫大意不得。在閱讀與整理資料之後，仔細思考，一字一句寫出兩萬字左右的論文。為了穩妥起見，初稿完成後特地寄給幾位法鼓山的法師與相識的學者過目，並請不吝提供意見。看完大德、學者回饋的意見之後，我據以補充修訂，內心更為篤定。接著根據論文準備口頭報告的PPT，搭機前往北京，在清華大學的研討會上報告研究成果，內容果然與其他論文大異其趣。②

②論文正式出版時標題略有更動：〈禪宗經典之翻譯／返譯：聖嚴法師英文著作中譯之我見我聞〉，收入羅選民編，《在可譯與不可譯之間：第三屆全國宗教經典翻譯研討會論文集》（中譯出版社，二〇一八），頁三十四─七十三。

相較於其他學者宣讀的論文，我的報告有幾個明顯不同之處：首先是帶入晚近蔚為顯學的翻譯研究相關理論；其次是融合個人的翻譯實務經驗；第三是研究題材為當代漢傳佛教禪師在美國禪堂開示實錄的中譯。

最特別的是，這個從禪堂開示到中譯本出版的過程，不僅跨越口譯與筆譯這兩個主要的翻譯形式，而且涵蓋雅克慎（Roman Jakobson）提出的三種翻譯類別：同一語言之內的語內翻譯（intralingual translation）、不同語言之間的語際翻譯（interlingual translation），以及不同符號之間的符際翻譯（intersemiotic translation）。這種學理的分析迥異於我十多年前撰寫〈輸血管的輸血管——中譯聖嚴法師著作〉一文中的描述性文字，[3]也讓我有機會反思自己的譯介成果。

為了提供與會學者專家相關背景資料，藉由翻譯達到知人、論世的效用，報告伊始先略述聖嚴法師的生平，指出他有感於美國弟子求法心切，一九七九年於紐約創立「禪中心」（Chan Meditation Center），因前來禪修的人愈來愈多，後來擴大遷址並改名「東初禪寺」，以紀念他的師父東初老和尚。爾後多年聖嚴法師固定往返於臺灣、美國兩地弘化，並在多方邀請下於亞洲、美洲、歐洲等地的佛教道場、修行團體、著名學府以佛法結緣，主持各種禪修活動，結合個人的宗教體驗與學術修養，運用當代語彙，傳播正信佛教的禪修觀念與方法，為忙碌的現代人提供安身立命之道。此外，法師勤於筆耕，著述不斷，若干作品已被迻譯為多種語文於國際上廣為流通。

法師的母語為中文，以致許多人以為他的英文著作是從中文著作翻譯而來。為了澄清這個誤解，他在《禪無所求——聖嚴法師的〈心銘〉十二講》的序言伊始特別指出：「我的英文禪學講錄，迄今為止已在美國及英國，出版了十五種，有人以為是由中文翻成的，其實正好相反，其中有幾種被譯成了中文，都是先出了英文版才有中文版的。」閱讀這些英文書的序言與謝詞便知，這些書籍的出版來自特殊的因緣：它們緣起於法師在國外禪七裡的中文開示，

---

③原載於二〇〇二年五月《人生》雜誌二二五期，收錄於《我打禪家走過》（法鼓文化，二〇〇六），頁九十七—一〇四。

現場由專人口譯成英文並錄音，後經謄打、編輯、出版。儘管這些英文禪書的中譯看似與一般英譯中並無不同，但仔細分析便會發現其中存在很大的差異。

禪修經驗有利翻譯法師著作

自一九九二年初起，有緣在臺灣參加聖嚴法師主持的幾次禪三與禪七，身心感受深刻，獲益良多。一九九五年趁著在哈佛大學（Harvard University）訪學之便，於五月底的陣亡將士紀念日（Memorial Day）長假，自波士頓搭乘灰狗巴士南下紐約，再轉地鐵到達東初禪寺，在異國體驗法師主持的禪七，現場觀察並領會法師如何順應東、西方不同的文化環境、社會條件與禪眾需求，善巧傳授禪法。

由於親身體驗過這些英文書形成的背景，有利於整理與翻譯法師的幾本著作：

- 《心的詩偈——信心銘講錄》（*Faith in Mind: A Guide to Ch'an Practice*）。法鼓文化，一九九七。④
- 《禪的智慧——與聖嚴法師心靈對話》（*Zen Wisdom: Conversations on Buddhism*）。法鼓文化，二〇〇三。
- 《禪無所求——聖嚴法師的〈心銘〉十二講》（*Song of Mind: Wisdom from the Zen Classic* Xin Ming）。法鼓文化，二〇〇六。
- 《無法之法——聖嚴法師默照禪法旨要》（*The Method of No-Method: The Chan Practice of Silent Illumination*）。法鼓文化，二〇〇九。
- 《虛空粉碎——聖嚴法師話頭禪法旨要》（*Shattering the Great Doubt: The Chan Practice of Huatou*）。法鼓文化，二〇一一。

---

④此書由筆者初譯，根據游振樂、張文嬿、江美寶的中文錄音謄稿彙整、比對、修潤，再由溫天河根據原中文錄音帶校正補充，經聖嚴法師過目，因此未標示初譯者名字，並收入《法鼓全集》。

我把翻譯這些著作視為自己細讀、思惟、領會，並表達法師禪法要義的難得因緣，務期把禪堂中的感受與體會，透過譯文的揣摩與推敲，傳達給中文讀者。這些譯作在一些場合得到過法師書面或口頭的肯定，如《禪無所求——聖嚴法師的〈心銘〉十二講》〈序〉便寫道：「單德興跟我學佛修禪，也有好多年了，他的中、英文造詣都很有底子，他的譯作既能掌握英文原意，也能兼顧華文讀者的習慣，及對禪宗文獻的忠實解讀，所以非常受到華文世界的歡迎。」

儘管如此，我以往卻從未想過從翻譯研究的角度，來剖析自己迻譯這些宗教文本的行為，以及翻譯成品可能具有的意義，有如理論與實務分道揚鑣，各行其是，互不相干。因此，這次宗教經典翻譯研討會讓我有機會反思：自己在中譯聖嚴法師的禪修著作時，究竟所為何事？所為為何？意義何在？

我針對這些譯作產生的過程與成果，從最初的禪修開示，經中間的英文呈現，到最終的中譯成品，尋思自己接觸過的諸家翻譯學說，揀擇適用的理論並加以綜合，一方面賦予學理根據，一方面用以分析說明，為了方便眾人明瞭，特地簡要圖示如下：

禪宗經典↓白話開示↓英文口譯與錄音↓謄打↓編輯↓刊登期刊↓出版專書↓中譯刊登期刊↓中譯出版專書

這個圖示可進一步細分為三部分：

一、**禪宗經典↓白話開示**：聖嚴法師的這些開示係將禪宗祖師大德的文言經典文本，根據禪堂的情境與禪眾的需求，以白話翻譯、詮釋、闡發，因為同是中文語境，所以是「語內翻譯」，又因為是從視覺的文字到聽覺的聲音，轉化為不同的符號，所以也是「符際翻譯」。

二、**英文口譯與錄音↓謄打↓編輯↓刊登期刊↓出版專書**：法師在禪堂上的一段段中文白話開示，由精通中、英文並具備佛學知識、禪修素養的專人現場口譯成英文，錄音，再謄打成文字稿。由於是以中文開示完一段之後，當場口譯成英文，是為翻譯研究中所稱的「交替傳譯」（consecutive interpretation）；將中文轉換成英文是為「語際翻譯」；將錄音檔謄打為文字稿，則是由聽覺的聲音轉化為視覺的文字，是為「符際翻譯」。至於編輯、刊登於期刊、出書則是在既有的英文稿上進一步修潤與調整，以期文從字順，結構清晰，條理分明，畢竟口語雖然親切平易、具現場感，但書面語則需嚴謹精簡、清通暢達。

三、**中譯刊登期刊↓中譯出版專書**：由英文轉化為中文，這是一般定義下的翻譯，也就是「語際翻譯」。在實際作業上，我與法鼓文化商量，先將譯文刊登於《人生》雜誌，再結集出版專書，一方面拉長作業時間，以期從容翻譯，避免急就章，另一方面歷經期刊與書籍兩個階段，不僅有機會讓自己反覆修訂，也可借重雜誌社與出版社雙方編輯的佛學專長與文字造詣，達到精益求精的目標。畢竟翻譯如同修行，永遠存在改進的空間。何況個人「自修」（「自」己「修」訂文稿）易有盲點而不自知，可經由與其他善知識的「共修」（反覆「共」同「修」訂文稿）把不妥之處減到最低，務求忠實、妥適地呈現這些精彩的開示。

視譯的嘗試與回譯的工夫

此外，在這幾本書的翻譯過程中，我個人也嘗試了另一種新的翻譯方式。相對於我翻譯的其他性質的文本——文學作品、文學批評、文化論述——這些文本來自聖嚴法師的禪堂開示，因此我有意嘗試新方法：一邊看著英文原書，一邊口譯成中文，當場錄音，找人謄打之後，自己再仔細修訂文字稿。這種新嘗試一方面是想實驗能否節省時間，提高效率；另一方面則檢驗能否產生比較接近原文的口語感與臨場感。如此一來，在翻譯過程中又涉及由眼到口的「視譯」（sight translation），使得原本就已複雜的現象益形繁複。

一般口譯的速度取決於原文的講者，口譯者必須亦步亦趨，時間緊，壓力大，在在考驗著口譯者的語文能力、專業訓練、反應與記憶。相形之下，視譯的速度則由自己掌控，沒有口譯那麼大的時間壓力。再者，視譯必須全神貫注、反應靈敏，遇到單純的字句，速度上比筆譯的字斟句酌要快得多，但若遇到專有名詞（可在預讀時處理），或稍微複雜的句法，則難免卡關，必須稍事停頓，以便從腦海中搜尋出相應的文字與句法，有時甚至必須按下暫停鍵，才能舒緩過來，以致比筆譯更須集中心力、繃緊神經。

另一方面，筆譯因為時間從容，初譯時已花不少心思推敲字句，所以後來修訂的程度較小。但視譯的謄稿在初次對照原文修訂時，必須花更多工夫使用字精準，文句暢達，有時甚至必須重譯。因此，筆譯與視譯兩者之間的得失不易評估，但至少是我個人的嶄新體驗，更加領會到視譯、口譯之不易，也就更佩服在禪堂中為聖嚴法師從事英文口譯的善知識。

這些佛教文本與聖嚴法師的開示都是中文，因此英譯中又涉及「回譯」（back translation，也稱「返譯」）。這裡的回譯分為兩種。首先，法師的禪堂開示係根據祖師大德的文言文本，文字精鍊，意境深遠，但是英文並無文言與白話之別，絕非望文生義就能譯出恰切的中文，即使字字推敲、句句琢磨，也距離原文（source text）甚遠，因此最好是找到出處，還原這些文字，讓中文讀者讀到「原汁原味」的文言文本。這類回譯在查考原文時必須下一番工夫。

其次，聖嚴法師是以中文開示，筆者在沒有現場錄音檔的情況下，必須根據以往閱讀法師的著作，以及跟隨法師打禪三、禪七的經驗，努力揣摩原文，回憶禪師的用詞、語氣、神態與特質（包括幽默風趣），透過文字重新想像並形塑禪堂開示的情境與話語（其實即使有錄音檔也只是聊備參考，因為在英文期刊與專書的編輯過程中，文字與結構均有所更動）。換言之，這與我翻譯陌生人的作品很不相同：一方面感覺更貼近禪師與文本，有著獨特的親切感，對於翻譯更有把握，何況在不同的階段又有不同的編輯、甚至法師把關，品質更有保障；另一方面則是更大的責任感，抱著戰戰兢兢的審慎態度，惟恐處理不當，有負自己的要求與他人的期許。

以上分析結合了不同類型的翻譯與理論（口譯、筆譯、視譯、返譯；語內翻譯、語際翻譯、符際翻譯），個人於禪堂的親身觀察與體驗，以及實際的文本翻譯經驗，逐步解析個人中譯聖嚴法師英文禪書的過程與成果。質言之，若未借鏡於翻譯理論，反思自己的翻譯行為，則依然會停留在只知其然、而不知其所以然的情況，遑論觀照整個過程的前因後果、繁複多樣、特色與意義。

頭上加頭與尾上加尾

宗教文本有其特殊性，尤其是強調不可思議、不落言詮的佛教，其中又以禪宗的不立文字、教外別傳最為特殊，更何況又有法鼓山體系的信眾組織讀書會，以共讀這些中譯做為聞、思、修的依據。因此，先前的圖示可再「頭上加頭」、「尾上加尾」，以致更形複雜。

這裡所謂的「頭上加頭」，是指在翻譯過程開頭的「禪宗經典」之前再加上「宗教經驗」。因為這些文本都是祖師大德把自己無法言傳、不可思議的宗教經驗，勉為其難地用文字（尤其是詩化的語言與譬喻）「翻譯」出來，希望透過比喻暗示、旁敲側擊，協助讀者窺探並領會大善知識的修行經驗，是屬於「從宗出教」的範疇。

至於結尾的「中譯出版專書」之後的「尾上加尾」則涉及讀者反應，也就是讀者在面對這些宗教經典以及法師開示時，透過自己的知識、經驗、修行、智慧，加以「翻譯」、「隨類各得其解」，把文本的閱讀轉化為個人的理解與領悟，藉由自修或共修，希望有益於自身的宗教修為，是屬於「由教悟宗」的範疇。

我有時打趣說，學者的「專長」就是複雜化與問題化：把看似簡單的現象解釋得很複雜，把視為當然的事情剖析得好像問題重重。換個角度來看，這何嘗不是「在不疑處有疑」，如同參公案般咬住一個問題不放，吞不下也吐不得，試圖參透特定現象背後的道理，得到某種領悟，並以言語文字與人分享。

宗教翻譯的另類思索空間

總之，這次宗教經典翻譯研討會的邀請，提供了一個難得的外緣，讓我認真思索以往中譯聖嚴法師的英文著作，其中的現象究竟如何？有何特殊意義？如何以翻譯理論與實務經驗來觀照這種翻譯的行為與成果？反過來說，這也是透過具體的翻譯成果，來檢視特定翻譯理論的可行性與適用度，以達到相互啟迪、彼此映照的作用。

本文既是從個人的角度出發，分享中譯聖嚴法師英文禪書的經驗，其中可能具有的宗教學、翻譯學、傳播學上的意義，以及撰寫這篇學術論文背後的故事，也藉此顯示如何掌握機緣，把意料之外的邀請，轉化、「翻譯」為學術交流的契機，既向學有專精的與會者展現宗教經典翻譯可能蘊涵的其他面向，也向一般讀者引介看待宗教文本翻譯的另類方式，以及其中存在的廣闊思索空間。

（原載於二〇二〇年三、四月《人生》雜誌四三九、四四〇期）

訪舊與探新

與高中生談「從文學看生死」

看著一個個身穿青色運動服的高中生，在教官指揮下魚貫入場，順序就座，我心裡油然生起一股奇妙的感覺，彷彿看到了將近五十年前青春的自己。

時間是二〇一八年十月二十四日，地點是國立南投高中演藝廳，場合是科技部人文沙龍系列演講，我是今天的主講人，題目是「從文學看生死」，對象則是母校師生，以及小學LINE群組上聞風而來的十數人「師友團」。五百個座位的演藝廳座無虛席，對我來說，場面之大僅次於二〇〇九年臺北國際會議中心大會堂的「無盡的身教——聖嚴法師的最後一堂課」之三千人盛會。

土生土長的南投囝仔

話說從頭。家父母是山東流亡學生，兩人為街坊鄰居，且有親戚關係。一九四四年在故鄉成親後，因家道中落，並逢國共內戰，遂告別雙方家長，帶著少許盤纏，隨著學校顛沛流離、一路南下，行經大半個中國大陸，於廣東渡海到澎湖。

一九四九年七一三事件時，①父親在刺刀口下被迫入伍，母親繼續就讀澎湖防衛司令部子弟學校，畢業後東渡高雄，任教於鳳林國民學校，三年期滿請調南投縣中寮鄉永平村中寮國民學校（後隨九年國教推行改稱「中寮國民小學」）。父親在遙遙十年軍旅生涯之後終能退伍，重回學校，畢業後也在國民學校擔任教職。

我在永平村鄉親寮出生，是土生土長的南投人，就讀父母親執教的學校。我是倒數第二屆參加初中入學考的學生，接受過兩年惡性補習，考進省立南投中學初中部，三年後直升高中部，經三年苦讀通過大學聯考，負笈臺北木柵指南山下。因此，我是省立南投中學初、高中部「資歷完整」的校友，自一九六六至一九七二年，每天搭乘彰化客運自鄉親寮前往南投鎮，再排該線路隊步行到學校。精省後，母校於二〇〇〇年升格為「國立」，課程益發多元。一九九八年我獲得「傑出校友」榮銜時，恰在英國訪學一年，數年後才輾轉得知。

雖定居臺北，棲身學界數十載，但我一直以出身南投的「庄下囝仔」為豪，隨時關注故鄉訊息，偶爾在電視上看到鄉親接受訪問，他們的口音總讓我感到特別親切。近年來看到南投高中拔河隊在國際比賽屢獲大獎，更覺得與有榮焉，但總無緣重返母校，不免覺得遺憾。

---

① 一九四九年七月十三日，當時澎湖防衛司令為了補充兵員，強徵落腳於澎湖的山東流亡學生五千餘人當兵，煙台聯合中學校長張敏之為維護學生權益，被誣陷匪諜入獄，並引發連串冤案，有兩位校長與五位學生遭到槍決，估計受害人數約三百人，是白色恐怖時代受害人數最多的單一事件。

人文沙龍實現「文普」

多年研習文學，歷世日深，對文學與人生的感受益為貼近與豐富；加上隨聖嚴法師學佛習禪，隨著年事的增長，對生命的體會與省思也益多。近年來，我一直想藉著文學與佛法，讓自身關切的文學研究與終極關懷更為普及，於是除了專業論述，也撰寫其他文章，應邀演講，希望能如「科普」般達到我所謂的「文普」的效用，讓忙於現實生活、身陷 3C 世界的當代人有機會抽身，多少能享受文學之美，領會禪法之妙。

晚近科技部日漸重視學術研究與社會責任，有意強化學界與社會的連結，縮減城鄉差距，人文沙龍便成為最「接地氣」的方式。因此，人文沙龍負責人陳國榮教授（中正大學文學院院長、科技部外文學門召集人）與我聯繫，說明人文沙龍的目標在於學術普及，並提到南投縣籍民意代表在國會表達這方面的企盼，兩人便商量讓我到母校演講的可能性。這個提議獲得校方熱烈回應，於是因緣和合，在闊別多年後，回到九二一大地震後重建的南投高中。

為了避免自說自話，我與累積多場經驗的人文沙龍工作團隊商議，如何透過文學作品，分享文學研究與人生心得。經來回討論，決定依循拙著《禪思．文思》的文普路數，以深入淺出的方式，主要透過西洋文學來探討生死大事，於是定名為「從文學看生死」。

為了與學習經驗相隔數十載的學弟妹快速連結，特請母校教務處提供六冊英文課本的目錄，我瀏覽後發現單元豐富、活潑、實用，遠非當年自己使用的單薄、乏味、不切實際的教科書可比，然而其中只有三篇涉及文學，我進一步取得相關課文，了解內容，力求納入七、八十分鐘的演講。

少小離校老大回

多年參加的國內外大小會議難以勝數，這次演講的PPT也已多次修訂，心想回母校演講應不成問題，然而演講前夕突發的身心狀況，使我體認到並非因為行程緊湊或準備演講疲累，而是內心深處潛藏的近鄉情怯。深夜經由醫診、明瞭狀況之後，立即採取面對、接受的態度，運用方法，放鬆身心，盡量隨遇而安。

雖然一夜沒睡多少，次日依然一早便搭乘高鐵南下臺中烏日，轉搭計程車直驅母校，一路上念頭此起彼落。遙想就讀大學時，自木柵指南山下返回中寮故鄉，當時尚無高速公路，行行重行行，換車四、五趟方抵家門，如今交通便利，輕輕鬆鬆便到達母校。

南投高中在九二一大地震後大幅重建，如今校門靠近昔日的運動場，下車後先拍了幾張照片，再向警衛說明來意。警衛熱心為我在大門口留影，並告知校長室的位置。由於提前到達，我便輕步緩行，隨處觀察校景，並逐一與昔日的印象比對，不僅外界的景物全非，心中也頗有「少小離『校』老大回」之感，不知學弟妹看到這位鬢髮皆白的花甲老翁，會不會「笑問客從何處來」？

最醒目的當屬行政大樓入口矮牆上的校園意象鋼板，上頭以漢英對照鐫刻著蘋果公司創辦人賈伯斯二〇〇五年於史丹福大學畢業演說的贈語“Stay hungry. Stay foolish.”（求知若渴，虛懷若愚。）鼓勵師生謙沖虛敬，處處好奇，時時求知。往昔蝸居山野，與世隔絕，如今卻能與國際上聲息相通，隨時取法借鏡，正是地球村的寫照。

大樓走廊的公告與海報繽紛活潑，透露出學校行政的開放、多元，以及學生的青春、創意，與我戒嚴時期就讀時的嚴肅古板簡直是天差地別。我留意到「生命教育」的海報，原先有些擔心生死的講題對高中生會不會過於沉重，看來是多慮了。

母校的輝煌與榮耀

拾階而上，來到二樓的校長室，入內只見巫春貴校長和已退休的簡顯經校長②正在泡茶聊天。不多時，主辦人陳國榮教授和與談人林松燕教授相繼來

② 簡校長一九六五年於中寮國民學校擔任六年乙班老師時，與我父母同事，當時我是六年丁班班長，多年後與我們家同住南投三和社區。他後來從事教育行政，於國立南投高中校長職位退休。遺憾的是，本文刊登時簡校長已往生，示現世事無常。

到，眾人行禮如儀，交換名片。

巫校長特地播放母校拔河隊訓練與比賽的影片，說明其中涉及的力學、戰術、訓練……，讓我了解當年學生時代看似單純、比力氣的運動，裡面竟有那麼大的學問。而南投高中拔河隊員經過多年訓練，不僅將這些抽象的原理化為健力美的運動，並在激烈的國際競賽中屢創佳績，為臺灣贏得世界賽金牌，這是昔日山城小孩如我無法想像的事。

據說母校曾有一段輝煌歲月，甚至吸引臺中的學生通車前來就讀，但我就讀時則早已沒落，即使努力準備大專聯考，兩度暑假到臺中補習，都沒把握能考取大學。後來就讀研究所時，在經濟與兵役的考量下，也沒計畫出國攻讀學位，只是一步步完成下一個目標。萬萬沒想到今天會以校友的身分，回到揚名國際拔河界的母校，分享這些年來閱讀文學與生命的心得。

重拾青青學子回憶

午餐後一些校友陸續抵達，退休後定居中興新村的英美文學學者陳東榮教授為多年好友，也前來捧場。巫校長引領大夥前往演藝廳，一路解說校園的歷史與現況。舊時的教室在震災後完全改建，成為明亮寬敞的現代化建築，唯獨通往上方校園的那排階梯還在。

同學們清楚記得從前上去後，左側是校長寬大幽深的日式宿舍，右側是我們度過初中三年歲月的兩層樓建築，正前方的中正堂是開週會和大型室內活動的場所，附近好像還有一座日式神社，如今全都杳無蹤影。我們只能從一些合抱的大樹依稀回味舊日風光，而當年的青青學子如今都已屆耳順之年。

進入演藝廳，與工作人員準備演講用的視聽器材。此時聽眾陸續進場，最多的就是身穿運動服的學生，井然有序。「師友團」的成員也陸續到達現場，他們大多定居南投，幾乎全自職場退休，有人返鄉事奉親長，有人樂當含飴弄孫的祖輩。遠從臺南白河而來的六年丙班李姓班長，如今已是國際聞名的音樂家，夫妻倆剛從歐洲自助開車壯遊回來，兩人講起小學時一塊打彈弓闖禍的往事，不禁啞然失笑。

演講由巫校長主持，分享了一則兩年前的故事。他當時帶領拔河隊遠征英國，回程時安排到莎士比亞故居一遊，他特地脫隊獨訪莎翁最後安息的教堂，觸景生情，想起莎劇《哈姆雷特》（*Hamlet*）中的名句 "To be or not to be, that is the question"，並由此聯想到人生涉及的生存、生活、生命三個層次，為演講拉開序幕。

讀文學培養說故事的能力

原先的設想就是藉由演講把聽眾引入文學之門，因此採取說故事的方式娓娓道來，結合個人的經驗與心得，只要聽眾能記得其中一、兩個故事、主題或關鍵字眼，彼此就不虛此行了。

我從在行政大樓門口看到的賈伯斯名言談起，指出這位舉世聞名的人物最受稱道的除了創意之外，就是說故事的能力，尤其是展現於每一場新產品發表會的簡報上，成為他的絕招，為人津津樂道。

目前市面上許多書籍都強調，說故事是打動人心的重要手法，更是職場必備的能力。我特別指出，其實要培養說故事的能力，最好的方法就是多讀文學作品，因為好的文學通常都是扣人心弦、引人入勝、發人深省的故事。讀文學既可自娛，又能培養說故事的能力，何樂而不為？

為了拉近與現場聽眾的距離，我先秀出兩組數字——五五三六七和八〇二二一——並表示這不是在報明牌。這兩組數字各在我左胸前伴隨了三年，分別始於民國五十五年與五十八年，從初一到高三，可見這位花甲老翁絕非冒牌的學長，而且與現場的其他校友多年來隨順因緣在社會上扮演各自的角色。

緊接著秀出的新聞和照片，是南投高中遠赴南非世界盃室外拔河比賽勇奪四面金牌的報導。如此在國際上出人頭地，是我昔日僻居山鄉做夢也想不到的輝煌成就，令人驚訝讚歎。

與永恆拔河

我順勢引入不久前過世的余光中老師的〈與永恆拔河〉。此詩作於一九七八年，詩人正值五十歲，以知天命之年與擬人化的「永恆」拔河，雖知面對的是「又一場不公平的競爭」，身為凡人的他，單獨面對無影無形又無所不在的頑強對手，「輸是最後總歸要輸的，／連人帶繩都跌過界去，／於是遊戲終止」，但在"game over"（遊戲結束）之前還是必須鼓起勇氣，堅持寫作，來面對這位「誰也未見過」的對手。或許「對岸的力量一分神，／也會失手」，被以立言為職志的寫作者稍稍拉動，「踏過界來，／一隻半隻留下，／腳印的奇蹟，愕然天機」，讓詩人達到筆補造化之功，在文學史上留名，稍稍抵擋歲月無情的沖刷與淘洗。

遙想大二時隨余老師在英國文學史課堂上，讀了不少有關生死的文學作品，遍及史詩、民謠、詩歌、劇本、散文、敘事。不到二十歲的我，剛剛脫離制式的中學教育，雖然在老師引領下對這些世代流傳的文學作品多少有些領會，但畢竟是處於人生階段的早期，酸甜苦辣各種滋味還未開始品嘗，許多人生戲碼也還沒上演。

即便是視文學為信仰的余老師，在寫這首自白兼自勉的詩時，面對無常的人間與多變的世局，許多問題的答案也都是「在茫茫的風裡」，更不知自己數年後會離開香港，返回美麗之島，終老高雄。當下能做的，就是勇敢面對「風吹星光顫」的情境，「不休」地創作，矢志「與永恆拔河」。

距離此詩創作四十年，在學生時代有緣親炙的詩人結束了此生的拔河之後，我以花甲之年再讀此詩，深感生死的定律無人可豁免，歲月的催逼讓人更感受到「繩索的另一端，／緊而不斷，久而愈強」，個人血肉之軀卻日漸衰弱，為今之計只有把握當下，盡力而為，企盼在個人「與永恆拔河」中，留下些許美好的畫面與優雅的身影，以示不虛此生。

為了加深印象，接著播放 YouTube 上由黃安祖作曲、演唱，陳瑋儒編曲、製作的〈與永恆拔河〉，看文學創作如何激發當今年輕人的靈感，引發進一步的藝術創作。證諸余老師的創作生涯，從早期詩作〈昨夜你對我一笑〉被譜為流行歌曲，風靡一時，到一九七〇年代大力鼓吹民歌運動，引發風潮，可知對他而言詩與歌一向關係密切。即使嚴肅如〈與永恆拔河〉，也能啟迪歌曲創作，藉由音樂引申詩作意境，使之流傳更廣。

跨越時空的文學作品

在帶入了文學與生死的主題之後，我依序介紹俄國作家托爾斯泰（Leo Tolstoy, 1828-1910）的短篇小說〈人靠什麼而活〉（“What Men Live by”），法國作家雨果（Victor Marie Hugo, 1802-1885）的長篇小說《悲慘世界》（*Les Misérables*，又名《孤星淚》），英國中世紀道德劇《世人》（*Everyman*），英國作家綏夫特（Jonathan Swift, 1667-1745）的奇幻名著《格理弗遊記》（*Gulliver's Travels*），莎士比亞四大悲劇之一的《哈姆雷特》，二十世紀美國詩人佛洛斯特（Robert Frost, 1874-1963）的詩〈未選之路〉（“The Road Not Taken”），以及十九世紀美國女詩人狄瑾遜（Emily Dickinson, 1830-1886）的詩

〈希望〉（"'Hope' Is the Thing with Feathers"）。

這些作家跨越東、西方四個不同國家、三個不同語系，作品包括詩歌、小說、戲劇等主要文類，而且都扣緊生死的主題，其中《悲慘世界》和《哈姆雷特》收入南投高中採用的英文教科書。我用輕鬆平易的方式解讀這些作品，連結上個人的閱讀與生命經驗，包括幼時在中寮鄉下初讀時的情景與印象，大學與研究所時研讀的經驗，以及到歐美實地參訪的心得，提示讀萬卷書行萬里路、閱讀文學與人生行腳相互參照的重要。

這些口頭解說搭配了許多影片，包括演員史考特（Andrew Scott）朗誦莎翁的著名獨白"To be or not to be"，體現了面對生死時的徬徨猶豫；演員瑟德絲（Marian Seldes）吟詠狄瑾遜溫婉堅定的詩篇，表現出在大風大浪的困境中永遠胸懷希望；年邁的佛洛斯特以蒼老的聲音朗誦自己的詩，有如省思人生的抉擇與未選的路途；最吸引人的莫過於由長篇小說《悲慘世界》改編的音樂劇與電影主題曲〈聽見人民的歌聲〉（"Do You Hear the People Sing"），簡潔有力的歌詞與激昂慷慨的樂曲，激發起奮勇直前、爭取自由平等的鬥志。面對著年齡相差將近半世紀的學弟妹們，我使出渾身解數，企盼青春的他們能透過故事感受到文學的生動有趣，並且與人生、甚至生死大事密切相關。③

文學須備的特色與作用

分享完這些作品和相關故事後，我綜合多年閱讀文學的經驗，指出文學的首要特色在於作者對語言文字的敏感和駕馭能力，以恰切的文字傳達出個人深切的感思，讓讀者透過語言文字領會作者與文本的寓意。

其次是對人我與世界的反思，仔細覺知、體會自己的感情思緒、受想行識，人我相處的種種關係，世間林林總總的現象，以及個人的感受與回應。

再者，文本的呈現必須為「意料之外，情理之中」：「意料之外」才能不落窠臼，予人驚喜，拓展感知與經驗；「情理之中」才能入情入理，讓讀者信服，而非一廂情願，自以為是，惹人懷疑、生厭、甚至反感。

第四則是多元呈現，多方解讀，避免一元獨尊——好的文學作品既避免單調、乏味的呈現方式，更允許不同人依照自己的經驗來解讀，見仁見智之處益發顯示其豐饒繁富，免除口號般的一元、專斷的詮釋，展現多元的視野與可能性。

如此呈現的文學，可能發揮底下的作用。一則是以文本為媒介，讀者透過理性的投入與解讀，進而對其中的人物、事件或主題產生同理心。再則是運用想像與感情，深入文本體會、感受，與書中人、事、物產生共鳴。綜合了理性與感性之後，反覆用心，細細琢磨，配合自己的人生經驗，拓展生命視野。在打開個人固有的胸襟後，能增加對於人與事方方面面的認知與感受，視野當更多元，胸臆當更寬宏。

好的文學作品兼顧形式與內容，「如何說」與「說什麼」同樣重要，甚

③有興趣者可上網觀看此次演講影片（https://www.youtube.com/watch?v=3adyOcPVmks）；相關報導參閱科技部二〇一八年十二月《人文與社會科學簡訊》二十卷一期的〈從文學看生死〉；有關托爾斯泰、綏夫特、狄瑾遜的作品以及道德劇《世人》的故事與解說，可參閱筆者《禪思．文思》裡的相關文章。

至可能更為重要。文學作品之所以能引發共鳴，是因為人性相近、心同理同，而主題相似的眾多作品中，有些更能打動人心，甚至世代流傳，就在於技巧的高超。

我廁身文學研究多年，也運用過一些理論來解讀作品，但隨著年紀的增長，閱歷的拓展，佛法的修習，愈來愈能領會張愛玲所說的「因為懂得，所以慈悲」，而這更早在《論語．子張》中的「如得其情，則哀矜而勿喜」便表達無遺。人生在世，受到主客觀因素的影響難以勝數，有些是個人能力與意志可以運用、克服、轉化的，但也有許多是不為個人的意志所動搖，以致「造化弄人」之歎時有所聞。

閱世愈多，更加體認到個人能力之有限，堅強意志之難得，因緣之不可思議，因果之無法遁逃，對於身處五濁惡世的芸芸眾生就益發同情共感，也體會到慈悲助人、智慧益己的道理，以及自助助人、自益益人的可貴。

文學有助看清人生

演講中，我引用了熟悉的長輩與好友對於文學的看法，其中一位是《巨流河》的作者齊邦媛老師。這位終身獻身英美文學教育、以翻譯向國際推廣臺灣文學的前輩學者，走過四分之三個狂飆的二十世紀，繼續向新千禧年挺進。在回顧文學對自己的意義時，她明言：「文學給了我一生的力量。」熟知西洋文學批評傳統的她，有個言簡意賅的信念：「文學的責任是看真正的人生，文學的目的是使世界變得更好。」畢生奉獻於文學的她，所作所為都是為了讓自己和別人看清人生真相，改善生存其中的世界。

我分享了有關齊老師的一個特例，來說明文學與她生命難以想像的緊密結合。抗戰時期，她就讀武漢大學外文系，由朱光潛先生教授英詩。當時物資缺乏，學生輪流抄錄英詩教材，做為上課之用，也勤於背誦。這些在年輕時背誦的詩篇，成了生命中的重要資糧，協助她了解生命，不僅成為後來教學謀生的工具，更在悲傷與恐懼時發揮了安定身心的作用。就連年逾八十，躺在牙科診所的診療椅上，任憑牙醫持著吱吱作響的電鑽鑽牙時，她都在腦海中背誦英詩，熬過了令人畏懼驚恐的時刻。

我也引述了好友李有成教授的文學觀。他因為職務之便，認識了不少國內外傑出的學者與科學家，包括諾貝爾獎得主。科學家一向求真求實，力求以新發現來推進知識的前沿，促進人類的福祉。鑽研文學多年的他有所領悟，認為文學如同科學般，也是一種知識的形式，幫助人類了解更多的現象，絕非一般人誤認的只是風花雪月、附庸風雅，而是具有改進世界的「淑世功能」。因此，經典文學之世代流傳，予人啟迪、撫慰、樂趣，弱勢文學之呼喚公義、為民請命，這些對於人心、社會乃至世界的影響，都是有目共睹的明證。

「四者合一」發揮淑世力量

接著我分享了個人的文學因緣與淑世之道，表示自己非常幸運，自幼就培養出閱讀的習慣，大學時不但重拾閱讀之樂，更確定了未來的方向，爾後數十年未曾離開文學。英美文學與比較文學既是我的興趣與專業，也是我賴以謀生、養家活口的職業，更是我用以自利利人、回饋社會的志業。

淑世對我而言是安身立命之道。我因緣際會，多年來有幸享用諸方資源，也在條件許可下努力促成一些事情。年事愈長，就愈關切要如何匯通文學與淑世、學院與社會，以期自修共享，己達達人，為自己和別人創造更美好的生存空間。

因此，我時時自省與自勉的是個人的「四者」身分。首先，身為「學者」，如何一方面在研究領域上精進不懈，無愧於本行的專業人士，貢獻於學術社群與社會大眾；另一方面終身維持著「學習者」的心態，運用珍貴難得的一期生命多方學習，不斷精進。

其次，身為「行者」，希望自己在努力閱讀、思辨與寫作之外，能把握機緣成為世間的旅行者，藉由旅行來增長見聞，以親身經驗與書本上的知識相互參照；另一方面，身為佛教徒，如何在婆娑世界之旅中，時時留意與修正一己的身、口、意三業，逐漸寡尤少過，回歸純真本性。

再次，身為「作者」，希望個人除了勤於閱讀書籍、體會人生之外，也以勤奮的文字勞動者自許，透過文字把一些事情想得更清楚透徹，並將一愚之得貢獻大眾。雖然筆耕不免會有身心疲累之時，但以祖師「一日不作，一日不食」的精神自勉，以期日有寸進，不負時光。

第四，身為「譯者」或「譯介者」，期勉自己有機緣從事翻譯時，能盡力而為，忠實傳達，與作者、讀者結緣。此外，在日常生活中也能發揮觸媒的角色，運用所知所學，將其他作者與譯者的優點介紹給更多人知道，達到自利利人的目標。

堅持做對的事

演講的最後一張簡報，特別放上南投高中校歌歌詞。當年身為學生，六年間每逢週會及重要場合時都要唱校歌，但大多應付了事，未去尋思歌詞意涵，以及其中對學子的殷殷期許。在孜孜走過四十多年的人生旅程，身兼人子、人夫、人父、人師等多重角色，重新品味這兩段歌詞，發現南投的重要地標玉山與雙潭（日月潭）成為象徵的標桿。首段強調「德操」，次段針對「知識」。

在座的學弟妹仍青春年少，無法體會其中的深切期許，以及終身實踐的不易，但對於已進入人生下半場、甚至可能處於「傷停時間」的我，看到首段勉勵「立志做好人，切莫負此生」，行為要「重氣節，謹言行」、「處事接物，正直和平」，次段指出「學問可榮身，用功趁少年」，目標在「古今通，文武全」，以期「極深研幾，希聖希賢」，心中頗有所感。其中無一不是盼望莘莘學子在德行上能「砥礪廉隅，永保令名」，與「玉山白雪比潔清」，在知識上能「文章華國，裕後光前」，與「雙潭明月同美妍」。這些對於「敦品」、「勵學」的期勉，若能努力奉行，堅守不渝，足以成為世間法的典範。

在座的「師友團」歷經青年、壯年，如今都「鬢已星星」，有如「聽雨僧廬下」，回顧昔日未及弱冠、至今已屆花甲，數十載的悲歡離合，感觸尤深，更加珍惜同學之間的情誼，以及眾生之間的緣分。

報告結束後，由暨南大學外文系林松燕老師回應。她的年紀介於我和學弟妹之間，平日與大學生多所接觸，比較貼近年輕人的想法。她先以其父自稱「一生無憾」，引進要如何才能如此。接著針對在場的學生，將莎翁的名句"To be or not to be"予以嶄新的詮釋，指出年輕人在人生之路面臨抉擇時，要考量是「做自己」，傾聽自己的心聲，還是「不做自己」，順從別人的意思。至於自己的心聲或渴望為何，就是現在何事不做會後悔。然而即使有心「做自己」，仍可能會有雜音，如負面的聲音（「不可能」）、長輩的希望、社會的期待等，要仔細辨別並堅持做對的事。

文章華國的文學人生

整個活動於演講與回應、問答後大功告成，雙方交換禮物。我將近二十本自己撰寫、翻譯、編輯的簽名書致贈給母校圖書館。有趣的是，中學時不喜歡作文，對於週記尤其排斥，往往為了湊篇幅、充字數，想方設法讓一段的結尾出現在行首，如此一個句號就可抵得一行、甚至一頁。沒想到後來成為專職的文學學者，以研究為業，除了寫論文之外，還翻譯、訪談，出了一本又一本的書，有如千萬倍奉還年少時的疏懶，好似造化開了一個大玩笑，但也說不定是校歌中「文章華國，裕後光前」的期許無形間的加持。

總之，這次在南投高中的人文沙龍，因為是回到就讀六年的母校，讓長期待在學院裡的我，努力學習將自己的學術專長與人生經驗，以平易近人之道與年輕學子結緣。尤其是善用鄉親與校友的身分，增加學弟妹的認同感與親切感，讓他們更契入我想要傳達的訊息，希望這些經驗分享能對他們多少有些助益——至少多聽了有關世界文學，以及個別人生的幾個故事。與談人的回應，讓我從另一個角度思考文學的新詮，以及對於年輕人的鼓勵。

沙龍結束後，師友們合照留念，再前往舊日著名的冰果室，重溫往昔的滋味並聚餐。看著燈光下的師友，深切領會到昔日的青青子衿，如今不但各自成家，有些更已當上祖輩，但也有少數人不敵歲月的無常，先行從人生的列車下車，從此憩息。還在車上的我們，繼續把握不知還剩幾許的光陰，與親朋師友重拾舊誼，以自己累積的專長與經驗協助後來者，繼往開來，廣結善緣。

身為「四者合一」的我，將珍惜有限的時光，善用漸衰的心力與體力，在專業上堅持前進，繼續閱讀人生這本大書，參詳箇中妙意，以文學來看人生，也以人生來看文學，讓學問與生命打成一片，並透過言說文字廣為傳播，或許在「遊戲終止」時不致「踉蹌過界」，而能維持些許優雅的身影，供有緣者尋思。

（原載於二〇一九年八至十月《人生》雜誌四三二至四三四期）

輯三・作者之作

精進的人生，美好的晚年

讀齊邦媛教授日記有感

……我不是坐吃等死或怨天尤人者，我仍有一些文人的理想，死亡尚未征服。

——齊邦媛，二〇〇八年九月六日

二〇〇五年三月十六日，臺大外文系名譽教授齊邦媛老師由兒子開車，載著她和基本的行李，從長住了三十六年的臺北市麗水街臺鐵宿舍，移居桃園縣龜山鄉長庚養生文化村。高齡八十的她不顧家人的不捨，自願「流放至此深山」，是為了完成她多年的心願——寫出記錄自己、家族和整個世代的回憶錄，否則「死不瞑目」（套用其妹齊寧媛的說法）。

二〇〇九年七月七日，皇皇二十五萬言的《巨流河》問世，風行海內外，廣受海峽兩岸重視，齊老師也因終身奉獻文學教育，推廣臺灣文學，先後榮獲總統文化獎與行政院文化獎，以及佛光大學、中興大學、臺灣大學的榮譽博士學位。①接踵而來的殊榮令人欽羡，然而直到讀了新版《一生中的一天》輯二的日記，眾人才知道寫作《巨流河》的艱辛，這些晚年的榮耀與風光其實來自不斷的努力、心血與貢獻。正如我在撰寫此文時，齊老師在電話裡說明此日記的意義：「出了這本書，至少把《巨流河》的情況說了，把老年的生活也說了一些。」

齊老師住進養生村時，隨身攜帶、也是心中最牽掛的，就是我和已故的趙

①此外，齊老師於二〇一九年二月榮獲母校美國印第安那大學（Indiana University）頒發榮譽博士學位，參閱筆者〈渡過巨流，贏取桂冠——賀齊邦媛老師獲頒美國印第安那大學榮譽博士學位〉，《文訊》四〇一期（二〇一九年三月），頁一五五—一五七。

綺娜博士與她進行近二十次口述歷史的錄音謄稿，因為她的最大心願就是要把它改寫成書，為一代人留下歷史紀錄。在撰寫過程中她一再向我強調，自己寫的是「回憶錄」，不是「自傳」，因為她自認只是大時代中的一個小人物，不值得大書特書，但是若不透過個人回憶把那段歷史記錄下來，很多的人與事會就此湮沒，永不為人知。

日升月落　最後的書房

她也提到自己有寫日記的習慣，住進山村的「最後的書房」之後，依然隨時記下日常生活中的所思所感，其中不乏有關老年的省思，應有些參考價值。因此，我多次勸請她把日記整理出來，將不涉及隱私的部分公諸於世，分享一己的生命經驗與智慧。

日記是隨時隨處的私密書寫，反映了當下的感思，因此透過書中的日記，讀者得以觀察並感受這位退休女教授的生活點滴。由於日記不拘內容，不限長短，具有高度彈性，不同題材輪番出現，看似零碎片段，卻環繞著當事人的興趣與關切，不時遙相呼應，帶有現場感與時序感，可說是進入內心世界最直捷的途徑。在這位年屆八旬的知識分子的日記中，出現了許多重要的人生議題，反映出當事人的生命情趣與處世態度，也就是所謂的「三觀」（人生觀、價值觀、世界觀），不僅值得年長者參考，也可供其他年齡層的人了解老年心理，拓展個人視野，提昇人生境界，實為適合不同世代閱讀的難得之作。

日記取名「日升月落　最後的書房」，表達了光陰的流逝與終老山村的決心，因為齊老師選擇在耄耋之年，遠離塵囂，單獨面對餘年以及承載著生命記憶的文稿。書中出現的諸多議題環繞著老年的人生，其中最基本的就是老年人的自主權與獨立感。齊老師一生照顧家庭，奉獻教育，提倡文學，向國際推介臺灣文學，在了卻世俗責任之後，身心尚堪負荷、記憶力絕佳的她，捐棄了養兒防老的傳統觀念，發揮自主與獨立的精神，決意要過自己的日子，寫出念茲在茲的回憶錄，光是這份膽識與決心就令人佩服。

隨著這份自主與膽識而來的便是「出離心」。在提到決意遷居僻靜的山村時，齊老師用上「出家」這個比喻。此詞就字面直解就是放下親情繫絆，「『出』離『家』庭」。常人原本就難割捨親情，年老體衰之人尤其如此，因此「出家」這個具有強烈宗教色彩的字眼，強調了她離群索居的決心，只不過此處不是為了特定的宗教——齊老師本人是基督教徒——而是為了完成「生命之書」。

由此可見，書寫回憶錄對她宛如宗教的神聖使命，也是艱鉅的自我挑戰。為了回應多年的心裡召喚，她難捨能捨，甘願擱下天倫之樂，忍受愛別離之苦，僻居養生村，過著兒子戲稱的「駝鳥生涯」。她清楚明白，「到了這『歲數』，獨處和團聚應是永不妥協的矛盾吧」，但為了完成心願，自甘過著「獨身老女子」的生活，均為面對「如此無可奈何，卻又是自己做的選擇（似也沒有別的更好的）——這種有些（或全然）絕望的妥協與寧靜」。

再給我一點點有用的時間

伴隨老苦而來的經常是病苦。齊老師幼時體弱多病，成年後為家庭操勞，為教學與研究奔波，退休後還義氣相挺，擔任中華民國筆會英文季刊總編輯長達十年，將臺灣文學譯介到國際。等到終於服務完他人，真正要為自己做事時，已到了耄耋之年，面對各種病痛，無常的陰影揮之不去。她自道：「真正覺得年老實是極正常自然現象，不必多想悲愁，以我所過一生亦實不應有憾。」話雖如此，以白紙黑字寫下個人與時代的記憶，卻是多年未了的心願，何況面對著已經打印出的口述歷史訪問稿，不免覺得目標有望達成。文筆甚佳、自我要求嚴格的她，面對的就是如何把幾十萬字的打字稿改寫成回憶錄的巨大工程。這對壯年人已是很大的挑戰，遑論遲暮之人。

日記生動地呈現了一位老驥伏櫪、志在千里的長者，雖然面對晚境，以及諸多病苦與如影隨形的無常感，仍鼓起勇氣一步一腳印，優雅過日子，其中不乏生命的喜悅與努力的願景。該地雖名為養「生」文化村，其實絕大多數居民是為養「老」而來。除了工作人員與前來探訪的親友，觸目所及大多是白髮蒼蒼、身形佝僂的長者，斯情斯景有如日記裡數度提到的名著《魔山》中，那群因病困居阿爾卑斯山上的人。而養生村中，像齊老師這樣懷抱強烈心願與明確目標而來的，很可能絕無僅有。

置身於這樣的環境，齊老師坦言：「到了這個年紀，當然常常想到生命的終點。」其實，如同人生其他階段，老年自有其優劣之勢：就反面觀之，由於時間與體力有限，造成急切的時不我予之感，深怕無法完成手邊要事；但就正面觀之，豐富的知識與閱歷，使得長者更容易看穿事物的表相，直抵本質。於是她有了底下的祈求與認知：「上天，請再給我一點點有用的時間！也許正因這樣晚了，才有如此清明的人生檢視。」

對於老年的切身感受，書中俯拾即是，如在新年降臨時寫道：「新的一年，年老歲暮的寒風，如此威脅我這盞將熄的燈啊！」而天寒地凍更是對老人的威脅：「入夜仍大冷，冷入骨髓，侵蝕已餘無多的生命力。」箇中情景有如馬婁（Christopher Marlowe）筆下那午夜降臨之前、即將離開人世的浮士德，

「要喊十二點啊，請你不要敲，再給我一點時間！」這種處境頗有「是日已過，命亦隨『無』」的急迫感。但也因此更加珍惜非常有限的時間與體力，慎防放逸，切莫虛擲，而要運用在刀口，或者該說，筆尖上。

不怕死，唯恐不死不活地拖著

齊老師對於病苦的觀察與體驗，來自於自身，以及結縭五十多年的先生。在中國東北出生時，救命的醫師把「那羸弱如貓的女嬰」依《詩經》取名為「邦媛」，以示祝福。以老邁孱弱之軀移居養生村，牙痛、感冒、胃痛、呼吸症狀……，多種病痛接踵而來，不斷挑戰著體能與心力，如「拔六顆牙了卻煩惱，體力盡耗，緊張加上炎熱，感冒發作，活著好累，但仍有待完成工作的時間表！」

昔日健康的先生、臺灣鐵路電氣化的功臣，如今卻氣切插管，無法言語，夫妻相會只能筆談。看到一生愛好美食的先生，如今卻必須靠灌食維生，「我悲傷難以自抑，深刻痛惜卻無解。」「那種氣切，插滿管子的衰退殘軀是如何生存啊，誰能幫他決定去留？」一語道出了長年臥床病人苟延殘喘，既無生活品質、又無生命尊嚴的慘狀，以及家屬徬徨於親情、醫療、倫理、法律之間的困境。

反觀老弱的自身，雖然面對接二連三的病痛，其實並不怕死，卻唯恐不死不活地拖著。然而只要活著一天，就得振奮起心力，多少有所作為，直到生命的終點，因此即使「已一個多月胃痛不止，咳亦不止，雖努力振作維持生活作息，到底心不壯，也許解脫老年的『驚喜』也會輪到我，到底父母都是心肌梗塞猝逝的，那般乾淨俐落……，我時時都在羨慕」。儘管乾淨俐落、「保持尊嚴」的好死是令人羨慕的福分（令人聯想到不少有識之士大力鼓吹的「善終權」），但仍在撰寫中的回憶錄卻是此生最大的牽掛：「我陷在思濤字海之中，浮沉不定，全身痠痛，但我還有這麼多寫不完的回憶，都是值得寫的。」

如果猝逝，書稿未成，心願未了，那可真不甘心！在面對生命與記憶的無常，她不知「此生究竟還有幾多時？讀書之日（還有夜）又尚有幾多時？」因此戒慎恐懼地懇求，「在記憶之奇異能力之前，我靈魂戰慄磕頭如搗蒜，請寬容等我把能寫的記憶寫完再消失」，卻又不知這「是否太過奢求」？

日光黑夜，只寫著

其實，齊老師相當知足與感恩。閱讀席慕容發表的日記時，她有感而發地說：「人到中年能感恩福分，才可以活出樣子來。」她自己也隨時抱持著感謝的心態：「風燭之年，惆悵已逝，只存感謝之心。」母親節時，她「感謝生生不息的母親，給我們生命，我也創造了生命」。

移居山村三年時寫道：「來此滿三年，很長的餘年了。若當初未退居於此，恐仍一字未寫或已悵惘辭世，感謝我當年堅定的決定，感謝上帝給我這個啟發！」她慶幸自己能夠專心一志，日夜只管寫作：「我如今是何等幸運，日光黑夜，我只寫著。」在二〇〇七年十二月三十一日歲末年初之際，她衷心表示：「感謝天主！我可以在這時刻說，我的二〇〇七年過得如此豐富。新的一年對我是奢侈的，寬容的。」

日記中數度提到，長庚養生文化村的創辦人王永慶先生不時前來視察，關切周遭的設施與對居民的照顧，「來看自己觀念實現的近況」，對他的遠見、慈悲、智慧與執行力再三致意，佩服他「一人的觀念，造福多少人的人生」！這些都印證了齊老師時時懷抱感恩之心。而她對自己的知足也頗感欣慰：「這種衷心自適的財富感，是命運給我最大的安慰吧。」

由於當初是我提議為齊老師進行口述歷史錄音，並找人繕打，李惠綿與簡媜自告奮勇協助整理回憶錄，三人一路伴隨，因此她稱我們為「乘著歌聲的翅膀」降臨的「三位天使」，兩位女士更是「超級志願軍」。

其實，我並沒上過齊老師的課，李惠綿則因病未能正式修課，成了「『錯過了卻跑不了』的學生」，而簡媜大一就讀哲學系時，從外文系齊老師手中接過臺大文學獎。嚴格說來，三人與齊老師並無正式的師生名分，卻因為這部回憶錄結下了不解之緣，看似難以理解，說穿了卻很簡單。

由於齊老師多年來努力在國內提倡英美文學與比較文學，向國際推廣臺灣文學，成果有目共睹，讓許多人衷心敬佩，在需要協助時自然就有人出現。簡言之，這就是「善緣吸引善緣」的磁吸原理，也證明了文學與文字因緣的不可思議。

此外，她個人的決心與「山村的孤立隱蔽和距離」，提供了絕佳的心境與環境。在眾緣和合之下，齊老師得以四年時間埋首寫作回憶錄，初稿完成之日，心中充滿了感恩與感謝：「我如今充滿極少人有的感恩心情。因為我在這四年中一字一句，一章一節寫的書，已敢寫上The End，初稿已完成。」回首這段奮力寫作的暮年歲月，「感謝上天給我這四年的時間，心中日夜回想多年的逃避與終於面對、奮鬥、堅持，也感念單德興、惠綿、簡媜這般的緣分。無以為報，只能說這一切都有天意在」！

即使戀世也不為一己活著

知足感恩自然容易喜悅，不僅看到身邊值得喜悅的事，也會欣賞外界美好的人、事、物。齊老師光是對於自己活著就感到欣喜：「能起床已是件吉祥的事了。自己誠實地想，對活著仍然高興。」但她緊接著又省思，這種高興若是戀世的話，那與個人自稱「並不貪戀這世界」，是否為「一種大虛偽呢」？

其實，這種想法未免過慮，因為她這樣努力認真，不只是為自己活著，還心存大願要為同時代的人留下紀錄，即使是戀世，也不是為了一己的小我，而是為了同代的大我，可算是另類的戀世了。更何況遠離塵囂，不貪著世俗名利，因此即使在山村燈下諦聽，也「有自身安寧的感覺，和前兩年獨居蕭索情況相比，說不明白活著的喜悅」。

有些喜悅甚至來自日常生活中微不足道的事，如散步時隨緣撿拾沿路飄落的紅葉，又如寫稿「居然寫乾了一支原子筆芯！……真是頗有『成就感』啊」。花了兩天時間寫出兩千字的文章，「使我自信心大增」。與文友舊交相聚時，體會到「快樂是沒有年齡限制的」。甚至將學生寄禮物的包裝紙「不免舊習，撫平捲起」，並自我解釋這是「一生的習慣，小小的喜悅，亦不必，或不能以理智切斷或訕笑」。

依然保持好奇心

這種另類的戀世，也表現於對知識與世界的好奇心。她初到養生文化村時，「在寬敞明亮的迴廊間，怡然散步，對一切充滿了好奇」。雖然移居山中，仍不改讀書人敬重知識、關懷世界的心態。

齊老師多次從麗水街帶去的書籍，反映了她晚年的興趣與珍愛。重讀舊書，「竟然又有新的解悟。六十多年後又廢寢忘食，新讀／新悟」。此外，她不是趁著回臺北時赴書店買書，就是請人幫忙找書，也有人主動寄書或當面贈書，讓她「又落入『年輕』時見書心喜之情，多麼感謝這些書緣」！

這些書中，有些是寫回憶錄需要參考的資料，有些則是文學名著、歷史傳記或個人興趣。足見她即使忙於寫作，依然不忘讀書，或為查尋資料、汲取靈感，甚至只為自娛排遣，都成為生命與寫作的重要資糧。至於每日的報紙，尤其副刊，更是多年重視臺灣文壇動態的齊老師所必讀，經常把佳作剪下收藏。英文書報雜誌也在她的閱讀範圍內，如「居然又買到了新的 ***Time***。在醫院地下

室的 **7-Eleven** 買到英文的 ***Taipei Times***，喜孜孜捧回養生室，看得津津有味，戒不掉對外面世界的關懷，大約只是對自己證明，此心仍活著」。

由此可見，青春或衰老的主要判準，不在於生理年齡，而是心態。只要一直維持著對人、事、物的好奇，日新又新，與時俱進，即使生理上已臻老年，但心境依然可以青春活潑。

文學教育的耕耘者

喜樂的另一來源來自奉獻與分享。齊老師從大學畢業後便一直在奉獻自己所長，服務他人，在文學教育上貢獻尤多，是將臺灣文學傳播國際的重要推手，數十年如一日。她遷居養生村寫出回憶錄《巨流河》，分享時代的經驗，讀者群從十歲到百歲都有。

她的慷慨大度見於將多年藏書捐贈給臺大臺文所，成立齊邦媛圖書室，嘉惠莘莘學子。齊老師在捐贈儀式的演講中，語重心長地期勉年輕學子「一定要好好珍惜中文」、「一定要有寬廣的胸襟」。

如果說贈書是「財施」，那麼贈言就是「法施」了。而她贈書時也多所用心，如「在山村偶遇（東北同鄉）李敖，談後贈他四本書：《最後的黃埔》、《一生中的一天》是個人的關懷，但贈他李喬的《大地之母》（《寒夜》精華本〔即《寒夜三部曲》的精華版〕），卻希望他對本土作品有一些時間了解，而贈他單德興譯的《格理弗遊記》，則是說明我對學術工作的期許，這許多年我投身在文學教育的花果收穫心情是肯定所有的耕耘者，不能一切以政治觀點論評」。

齊老師畢生對文學的喜愛與貢獻，更是令人敬佩。除了多年講授英美文學之外，在國立編譯館任職時修訂國語文教科書，多方納入現當代文學作品；主持中譯英的計畫，讓臺灣文學走出去；譯介外國經典，讓華文讀者能與偉大的心靈為伍；以中華民國筆會總編輯的身分，向國際譯介臺灣文學長達十年之久；退隱到山上之後，還與王德威共同主持臺灣文學英文翻譯計畫，在寫出《亞細亞的孤兒》英譯本前言時表示，「完稿之時的欣喜是最大的酬勞」。

對文學的喜愛深入骨髓

日記中的許多細節，都透露出文學深入她的血脈骨髓，不僅讓她增長見聞，解憂忘愁，甚至達到忘我或定心的境界。為了修訂回憶錄的初稿，「大約我已忙得近於忘我的狀況」，以致已屆八旬高齡的她，竟然「極高效率地改、增、刪，各章，日間不閒，夜間不停」，代價則是「身體如同奴隸竟起反抗，已連續去牙科四次了」。對許多人來說，到牙科看診有如酷刑，既是身體的疼痛，也是心理的威脅，但是齊老師竟然「又如往昔默念鍾愛詩篇定心、定念，有時亦似可暫忘疼痛」。

當我首次聽齊老師告知此事時，簡直難以置信，若非年輕時在恩師朱光潛先生要求下背誦英文詩篇，多年教學中反覆吟哦、心領神會，內化成自己生命的一部分，斷斷不可能在這種「人為刀俎，我為魚肉」的身心交迫狀態下，發揮如此妙用。以背誦英詩來止痛，頗可傳為美談了。

面對老年的挑戰，齊老師以自己的生命，向世人示範了老年並非無所作為，只能等待生命終結，反而可以因為擺脫了世俗的繫絆，更能從心所欲，一遂平生願望。因此，對許多人來說形同養老、甚至送終的地方，在齊老師身上卻因為個人的宏願，真正活出了「養生文化村」的精神——既續命「養生」，又涵濡「文化」，也「給了老年人個人尊嚴……，完成一種『雙全其願』的養生文化」。

如此美好的晚年

正如她在繳交回憶錄全稿，當天的日記中所寫的：「進入這養生續命的山村，原是為完成這個願望，也是為此日日夜夜的書寫、思索，思索、書寫，才真正活了這四年的歲月。」在二〇〇七年終反省時，她明白表示：「我到底只是個平凡的人，我無法超脫自適，但因此更能衷心地說：如此美好的一年！」

在二〇〇八年元旦，回想自己八十五年的人生時，她心中頗有感觸：「真不容易啊，我居然能活著慶賀自己活著，寫著一生惦念的人與事！在人間歲月我已八十五歲了。今年若能出書，而且對今日或後世讀者有意義，我即沒有白活這麼多年了。」自利利人之心躍然紙上。

全部日記結束於二〇〇九年七月七日「生命之書《巨流河》」出版之日。選擇在對日抗戰紀念日出版此書，對來自中國東北的她具有獨特的意義。齊老師在親友陪伴下，看到經過「這些孤獨撐住的日日夜夜一字一字刻骨銘心的努力」，魂縈夢牽的回憶錄終於問世，「這一晚的團聚，急切地共同驗證今生」，有感而發地寫下日記的結語：「我六歲離開了家鄉，八十年的漂流，在此書中得到了安放。」這種盡心盡力之後的心安與知足，造就了一個「不知老之已至，心滿意足的我」。

齊老師因體認無常而精進、忘我，因知足、感恩而喜悅、奉獻、分享、利他，呈現出一個走過大時代的女子，垂老生活裡平凡中的不平凡，向世人示範了美好的晚年。

（原載於二〇一七年十、十一月《人生》雜誌四一〇、四一一期）

「在時光以外奇異的光中」①

敬悼余光中老師

師生因緣

二〇一七年十二月四日接獲香港友人電郵，劈頭就說余光中老師住院，向我打探詳情。我心中又驚又惑：驚的是老師怎麼住院了！惑的是我沒接到任何消息，此事當真？我心裡著急，便打電話到余府。雖說是四十多年的老學生了，但我總擔心會打擾老師，平日極少致電。電話是師母接的，她向我說明情

①標題取自余光中老師詩作〈白玉苦瓜——故宮博物院所藏〉（一九七四）。

形，語氣相當平和，讓我放下懸念。十三日清晨，我竟然夢見余老師，情節清晰，醒後猶歷歷在目。我覺得忐忑不安，因為印象中似乎從未夢見過老師，於是匆匆將夢境記在手機內，並向好友李有成提及此事。誰知次日中午就接到老師棄世的噩耗，幾小時內網路上湧現海內外各路訊息與評論，可見此事引發華人世界廣泛矚目，甚至可說每個人心目中都有自己版本的余光中。

我的版本始於一九七二年十月。當時我從南投中寮來到臺北木柵指南山下，成為政治大學西洋語文學系的新鮮人。初來乍到全臺首善之都的國立大學，不滿十八歲的鄉下男孩心中的惶惑多於憧憬。大一時外系的一場演講更使我對文學充滿懷疑。那時擔任系主任的余老師距離我非常遙遠，唯二的接觸就是剛進系裡時聆聽他對大一新生的英文訓話，以及校慶運動會前他到運動場為大一啦啦隊打氣。

大二時余老師的英國文學史是必修課，每週都會跟老師見面。他那時創作轉向民謠風，這興趣也反映在教學上，對《諾頓英國文學選集》（*The Norton Anthology of English Literature*）裡的民謠（popular ballads）情有獨鍾，每首都仔細講解、朗誦，自得其樂，學生也為之陶醉。文學知識的傳播固然重要，但老師更特別的是把對文學的熱愛傳達給我們。他勤於詩作，那時好像也在報上寫專欄，經常在課堂上分享，〈朋友四型〉等文章以及有關中東石油危機的詩作〈自嘲〉就是那時親耳聽聞的。

老師對文壇動態如數家珍，記得楊牧先生有篇散文在《中國時報．人間副刊》發表時，他稱讚之餘並期許我們將來有人能寫出像那樣的好文章。他肯定羅青先生的《吃西瓜的方法》為現代詩開出一條新路，讚許歷史本行的陳芳明先生的文學評論集《鏡子與影子》，對思果先生的《翻譯研究》表示欽佩……。老師對英美搖滾樂與流行民歌的介紹更不在話下，甚至模仿美國民謠歌手巴布．狄倫（Bob Dylan）的作品。正是這些「閒話」打開了我們的視野，把遙遠的英國文學史連結上英美流行文化與當代臺灣文壇。

當時冷戰猶熾，「漢賊不兩立」的心態瀰漫朝野，加上臺灣在詭譎險惡的國際關係上節節敗退，處境岌岌可危。面對風雨飄搖的局勢，余老師的反共態度堅定，在課堂上批評一些海外人士言行不一，口中稱頌「祖國」的共產主義社會，卻在海外過著資本主義社會的舒服日子。記得他在一篇文章中公開挑戰這些「左言右行」的人，以十個問題來決定哪個社會好？到底誰能言行一致？其中之一就是他回臺灣，對方回大陸（這篇短文似乎並未收入他的文集，而一九七三年六月的〈降落〉一詩便是這種心境的寫照）。在那段敵我對峙、內憂外患的歲月中，老師的憂國之心溢於言表，經常反映在詩文裡。這種情形直到兩岸情勢和緩、恢復交流之後才逐漸改觀。

老師的言教、身教引發了我對文學的強烈興趣，除了認真上課，反覆細聽同學的文學史課堂錄音外，並自動自發找了一些補充資料，因此上學期該科得到全班最高分。此外，我多方參加有關文學的演講與活動，以及系上舉辦的全校活動，尤其是大二時抱著「以戰練兵」的心態參加中英翻譯比賽，細讀思果先生剛出版的《翻譯研究》，竟以初生之犢的姿態得到第一名。當時班上一些同學在文藝方面也有濃厚的興趣與出色的表現，以致老師對我們這班印象深刻，即使後來赴港教學，每次返臺都會相約見面，多所關懷與勉勵。一九七五年六月我們大三時曾前往臺北中山堂，參加楊弦根據老師詩作而譜曲的「現代民謠創作演唱會」，欣賞詩人與歌手同台演出。我們聆聽老師親自朗誦，當熟悉的詩句由歌手口中唱出時，詩與歌的結合彷彿使文字藉著音樂活轉過來，打心底產生一股奇妙的感覺。

政大西語系畢業生從事文學研究者不多，因此老師對我青睞有加。老師應政大之請捐贈文物以供圖書館典藏，其中包括了數十年前我們這班的英國文學史成績單，並特別指出成績最好的那位現在是中研院的學者。記得老師上課時曾偶爾提過學者與作家的差異，並說當學者很辛苦。不過對我來說，人文學者只要有一定的訓練，穩紮穩打，多少能有一些成果。而作家講究創意，甚至「無中生有」，風險更高。

以往我不太願意在公開場合強調師生關係，以免有攀龍附鳳、狐假虎威之嫌。隨著年事漸長，愈覺得緣分難得，師恩浩蕩，於是近年在兩岸三地許多場合都表明余老師是我文學與翻譯的啟蒙師，沒有老師的教導就沒有今天的我，以示不忘師恩。也曾幾度當著老師和師母的面宣稱是老師赴香港之前在臺灣的「關門弟子」，兩人都未表示異議。

弟子服勞

不忘師恩當然就有事服勞，老師也多次給我機會。我三度應老師之邀擔任梁實秋文學獎翻譯獎評審，目睹他事前逐篇仔細評分，現場全天馬拉松式討論（當時他已年逾八旬），事後撰寫評論，納入專書，廣為流傳。老師幾次跟我提到，這種兼具獎賞、評論與出版的一貫作業方式，能發揮較大的社會教育功能，讓大眾更重視翻譯。二〇一二年《濟慈名著譯述》出版時，老師邀請彭鏡禧教授與我在誠品信義店進行三人對談，不少學界前輩與文學粉絲前來致意。二〇一五年「余光中特展」於臺師大總圖書館展出，老師找我與他對談翻譯，由彭教授主持，當天氣溫陡降，但現場爆滿，有不少陸生前來聆聽，並與老師合照，這些粉絲的興奮之情溢於言表。

最近一次就是香港中文大學文學院舉辦的「第六屆全球華文青年文學獎」翻譯組決審。老師二〇一六年因為不慎摔傷，導致顱內出血，住進加護病房一段時間才出院，身體尚在恢復中，因此雖然命題，卻不便評審，改為由我代勞，與金聖華、彭鏡禧兩位教授決審，並於二〇一七年四月前往香港頒獎，參加文學創作與翻譯專題講座與座談會。在金、彭兩位教授評論得獎者的譯作後，我一反前例，沒有評析得獎者有關老師命題的那段英文中譯的良窳，而以「六譯並進的余光中」為題發表演講，介紹這位「三者合一」（作者、譯者、學者）、「六譯並進」（做翻譯、論翻譯、教翻譯、編譯詩選集、漢英兼譯、提倡翻譯〔前五項來自張錦忠的觀察〕）的譯界典範。結束前我特地附上大學時代與老師在政大四維堂前的合照，鼓勵來自全球的華文翻譯新秀，希望他們能從畢生以創作與翻譯為志業的余老師身上得到啟發。事後不少人向我表示，這種由文到人、由翻譯剖析到譯者典範的安排很有意義。

中山大學接獲企業界捐贈，於二〇一三年成立「余光中人文講座」提倡文藝活動。余老師親自致電邀請我擔任諮詢委員，對學生依然如此講究禮數，令我深為感動，當場答應必盡棉薄之力（其他委員包括陳芳明、蘇其康、李瑞騰、黃心雅）。老師思慮周密，在開會前已有若干想法，會議在他主持下集思廣益，很尊重學生輩委員們的意見。決議後許多貴賓都由老師出面邀請，受邀者均視為殊榮，計畫也都能順利執行。老師與這些貴賓對談（依序為電影導演李安、中研院院士金耀基、海派作家王安憶、建築師姚仁喜、戲劇導演楊世彭、南管名家王心心、鄉土作家黃春明等），場場爆滿，允為南部文化盛事，為中山大學增添許多人文氣息與藝術光彩。活動結束後並發行書籍與DVD，讓無法到現場的人也有機會分享老師與貴賓們的專長、經驗與智慧。

後來老師由於摔跤傷頭後體弱，不便與人對談。二〇一六年九月三十日我參加諮詢委員會，由老師的女公子幼珊代為主持，決定部分活動改為翻譯系列演講。[2]會後老師特地設宴於漢神飯店。這是老師傷後與我首度見面，精神與體力顯然比以前差，說話聲音很小，我必須凝神靜聽。但老師的興致很不錯，還趁著等待上菜時在餐巾紙上玩起英文接龍遊戲，師母說老師平時便以此自娛。果然是中、英文俱佳的詩人，隨時不忘磨鍊文字利器。結束時我在後面看著幼珊攙扶手持拐杖的老師緩步離去，想到老師昔日健步而行，不覺心中一酸。

為了慶祝老師九十大壽，原訂二〇一六年十月推出「詩情樂韻—余光中」詩文音樂會，但因老師頭傷，加上莫蘭蒂颱風與梅姬颱風接連來襲，中山大學逸仙館嚴重受損，遂改於二〇一七年三月四日舉行。這是老師傷癒復出的第一次大型公開活動。我前一天南下，在余光中人文講座主講翻譯，次日參加盛會。為了保持老師上台朗誦的體力，詩文音樂會之前的晚宴分桌而坐，而未像以往般同桌邊吃邊聊。這次的演出甚為成功，我們一方面感動於老師為文藝而忘軀，另一方面欣喜於老師身體康復。老師顯然也很滿意自己的表現。但我萬萬沒想到這竟是師生最後一次相見。

二〇一七年七月召開諮詢委員會，老師堅持親自主持。我因在哈佛大學研究訪問，並前往梭羅（Henry David Thoreau）故鄉參加作家誕生兩百週年年會，不得不告假。會後得知在陳芳明、李瑞騰等委員倡議下，二〇一八年將舉辦老師九十大壽學術研討會，出版壽慶文集，並規畫老師與一些學者對談，翻譯方面由我搭配。十月二十三日中山大學為老師慶生，我因諸事纏身，心想不

②系列演講部分內容經講者改寫，收錄於張錦忠主編的《翻譯研究十二講》（書林出版，二〇二〇）。

久會在九十壽慶活動與老師見面，就未專程南下，但還是留意相關報導。老師致詞時依然妙語如珠，表示任教中山大學三十二年，人來人往，但他依然鎮守此地，因此自喻為「西子灣的土地公」，也提到「行百里者半九十」，希望還能有四、五年的時光繼續健康寫作。看到老師恢復了以往的精神與風趣，我心中頗感寬慰，對二〇一八年的九十壽慶活動充滿期待。

繳交功課

既然有事弟子服其勞，那麼老師過壽，學生「交功課」也就理所當然。我大二時受到老師啟發，走上文學研究之路，在翻譯上一向抱持著昔日參加翻譯比賽的態度，兢兢業業，以老師為榜樣，多年來也致力於提昇翻譯與譯者的地位。由於老師在詩歌、散文、評論與翻譯四方面的成就卓越，我曾譽為「四臂觀音」，但自知欠學，雖多年持續拜讀老師各方面的作品，卻始終不敢著手研究。一九九八年老師七十壽慶時，鍾玲教授主編《與永恆對壘——余光中先生七十壽慶詩文集》，向我邀稿。出乎眾人意料的，我不像其他學者般交論文，而是交出一篇散文〈既開風氣又為師——指南山下憶往〉，記述老師在政大短短兩年間，對校園整體文藝風氣的提昇，以及對我個人的重大影響。由於是以實例展現老師罕為人知的一面，後來收錄於陳芳明教授編選的《臺灣現當代作家研究資料彙編 34 余光中》，成為性質獨特的一篇。

等到老師八十大壽時，陳芳明教授在政大舉辦「余光中先生八十大壽學術研討會」，蘇其康教授另外主編壽慶文集。十年前那種散文一輩子只能寫一篇，而老師的文學創作已有多人研究，也不是我的學術領域，於是另闢蹊徑，從翻譯研究的角度撰寫兩篇論文，以回報啟蒙師：〈左右手之外的繆思——析論余光中的譯論與譯評〉於會議中發表，〈含華吐英——析論余光中的中詩英文自譯〉則收錄於蘇其康教授主編的《詩歌天保——余光中教授八十壽慶專集》。老師譯作眾多，各有特色，我既然開始研究，就打鐵趁熱，再接再厲寫出〈一位年輕譯詩家的畫像：析論余光中的《英詩譯註》〉與〈在冷戰的年代——英華煥發的譯者余光中〉，也特意從翻譯的角度與老師進行深度訪談，兩萬五千多字的〈第十位繆斯——余光中訪談錄〉是有關老師翻譯因緣的最詳細訪談。此外，我曾就「譯者余光中」、「余光中的翻譯之道」、「余光中的翻譯志業」、「六譯並進的余光中」以及老師翻譯的小說《老人和大海》（後來易名為《老人與海》）、劇作《不要緊的女人》在兩岸三地發表專題演講，獲得相當不錯的回響。原本計畫將這些演講改寫成論文，連同訪談錄結集出版，書名就叫《譯者余光中》，[3]甚至想請老師在扉頁題字，當作九十壽慶時的賀禮，讓華文世界重視老師的這個重要面向與貢獻，如今這個願望永遠無法實現了。

老師數十年來討論翻譯的文章甚多，在理論、批評、實務上都有獨到的心得，當今中文西化嚴重、翻譯體橫行，這些見解頗有矯正的作用。中國大陸早就出版了《語文及翻譯論集》（《余光中選集》卷四，黃維樑、江弱水編選，安徽教育出版社，一九九九）與《余光中談翻譯》（中國對外翻譯出版公司，二〇〇二），讀者一卷在手，就能汲取老師多年翻譯心得，增長不少功力。但臺灣除了《含英吐華——梁實秋翻譯獎評語集》（九歌出版，二〇〇二）之外，其他文章散見於不同書中，有些新作甚至尚未收入書裡。④我曾數度向老師和師母提到此事，甚至考慮要不要毛遂自薦，代為整理翻譯論文集。然而老師忙於整理詩集、文集與兩本譯詩集，對書稿整理也自有一套行之有年的嚴謹作業程序，他人難以代勞，所以就未進行。

老師對學生非常照顧，提攜後進不遺餘力，言教、身教多所啟迪，甚至有很多「授後服務」，包括為學生的小孩命名。我個人印象深刻的就是老師為人寫序絕不應酬敷衍，每篇都是細讀後的悉心之作，既有肯定、期許，也不吝提出改進之道，《井然有序——余光中序文集》便是集大成之作。因此我在為人寫序時也敬謹行事，字斟句酌。再者，從早期《英詩譯註》就可看出老師對翻譯的慎重，小自一字一詞的理解，一韻一律的掌握，中至通篇的結構、技巧、

---

③參閱《翻譯家余光中》（浙江大學出版社，二〇一九），收錄四篇論文、三篇訪談（含一篇與夫人范我存女士之訪談）、四篇散文與附錄。

④余老師生前未結集的詩、文、評論，後來收錄於《從杜甫到達利》，二〇一八年八月由九歌出版社印行，最後一篇為詩作〈舍利子〉。

意象、內容，大至作者生平、時代背景、文學史地位，都能透過雄深雅健的文筆傳達給讀者，對譯作力有未逮之處也坦白承認。他參與其事的《美國詩選》（今日世界社，一九六一）與獨力完成的《英美現代詩選》（臺灣學生書局，一九六八）在華文世界影響深遠。這些不僅樹立了譯者的楷模，對我主張翻譯的「雙重脈絡化」（Dual Contextualization）也深有啟發。

至於修訂譯作再行出版，如《梵谷傳》、《老人與海》、《守夜人》、《英美現代詩選》等，更展現了再接再厲、精益求精的態度，因為正如他所言，世上沒有完美的翻譯，因為「譯無全功」（"Translation knows no perfection"），而「翻譯是逼近的藝術」（"Translation is an art of approximation"），只能盡量逼近原作，無法完全傳達形、音、義，譯詩尤然。然而由於中文的特色，有時翻譯能產生原文未有的效果，他在王爾德（Oscar Wilde）的喜劇翻譯時提到這點，頗感得意。有這樣精進不已的典範，後生晚輩又豈敢言老、說累?!

近年來師生較多往返，我的著作都呈請老師指教，老師每有新書也簽名贈送，大多題字「惠存」，幽默文集則題「笑覽」。二〇〇九年新版《梵谷傳》除了「德興惠存」之外，還題了"To a most rewarding fellow-traveler in translation"，視我為翻譯同道，語多勉勵。二〇一七年六月贈送的《英美現代詩選》更寫上「德興吾弟留念」，打破師徒界線，令我受寵若驚，愧不敢當，深切感受到晚年的老師有如成熟的麥穗，成就愈高，待人愈謙和。

「奇異的光中」

老師的尊翁超英先生辭世時年近百歲，因此家族有長壽基因，若非先前頭傷，當不致如此迅速凋零。一生創作不懈的他，對自己也有所期許。每隔十二年修訂一次的《守夜人》，在〈三版自序〉中提到：「再過十二年我就一百歲了，但我對做『人瑞』並不熱衷。所以這第三版該是最新的也是最後的《守夜人》了。」讀來似有預感，卻未料在出版不到一年便告別人世。如今，這粒麥子已落在他生活多年、時時歌詠的臺灣土地裡，甚至在落地前已透過言教、身教與自稱的文學寫作的「四度空間」、「四張王牌」——詩歌、散文、評論、翻譯——啟發了不計其數的後進。

我曾詢問老師是否寫日記，老師說沒有寫日記的習慣，並表示他的作品就等於日記。我也問過老師是否計畫寫自傳或回憶錄？但他也沒有這些計畫。我甚至問過，有沒有考慮過自己將來在文學史上的地位？他則說留待未來文學史家評價。在整理老師的翻譯訪談稿時，我曾奢想，有沒有可能仿照一些前例，以一問一答的方式呈現老師精彩的一生，但在老師頭傷、體力衰退之後就不便提起。至於老師的宗教信仰也未明確表示，倒是師母曾透露兩人傾向佛教，除了教義較契合之外，勤修佛法的幼珊應有一定程度的影響。

老師一生勤於寫作，把握當下，不談身後事，生命最後階段未採取侵入性治療，並自加護病房移至普通病房，在家人環繞助念聲中安詳往生，如今已縱浪大化，不喜不懼，融入「在時光以外奇異的光中」。

（原載於二〇一八年一月《文訊》三八七期）

百載孤高一南山

追懷朱炎老師

送別

二〇一一年十二月二十五日正午，我和好友李有成到中山北路青葉餐廳參加中華民國英美文學學會第十一、十二屆理監事聯席會議，最重要的議題就是選舉新任理事長與常務監事。人甫坐定，還沒來得及品嘗剛上的小菜，手機就響起，是同修告知中央研究院歐美研究所退休同仁、前所長魏良才先生自基隆來電，說朱炎老師剛剛病逝於臺大醫院。頓時我心頭一沉，馬上把有成請到包廂外，兩人決定立即前往。然而在座的理監事不是朱老師的門生，就是相熟的晚輩，有些自中南部遠道而來，如果告訴大家這個消息，所有的人都會前往，兩年一度的新、卸任理監事聯席會議就開不成了。於是我和有成把主持會議的現任理事長馮品佳教授請出包廂，告知此事，並要她切勿驚動大家，我倆隨即匆匆離席，趕往臺大醫院。由於開會地點距離臺大醫院不遠，幾分鐘便抵達。我和有成急急忙忙前往十樓，只見病房房門關閉，裡面正在為朱老師更衣。

不多時房門打開，我和有成進入，看到朱老師面容安詳地躺在床上，我們向老師的遺體致敬，表達哀思，隨即輕聲安慰師母。沒多久高天恩老師也趕到。篤信藏傳佛教的他在朱老師耳邊說明往生西方極樂世界的方法，並開始不斷誦念聖號，我和有成也隨著助念。醫護人員接著用病床把老師移至地下樓層的往生室，高老師聯絡的精舍師姊們熱心前來協助，為老師蓋上往生被，灑了一些金剛砂，朗聲為老師唱誦佛號。這還是我生平第一次為人助念，從中午一直到晚上，為老師送行。後來我才確知朱老師是基督徒，但助念一事卻是與朱老師有數十年師徒情誼的高老師事先向朱師母極力懇求的，為的就是希望敬愛的老師一路好走。在助念的八小時之間不斷有老師的好友與門生故舊前來致意，我的腦海中也不時浮現多年來與老師相處的點點滴滴。

金針度人

初遇朱老師是在一九七五年碩士班一年級上學期。當時的我剛從指南山下「小國寡民」的政大西洋語文學系來到「兵多將廣」的臺大外文研究所，心中相當忐忑，甚至連課都不會選，以為研究所就像大學部一樣，一學期可以修六、七門課。幸蒙時任助教的戎之光兄熱心指引我這位不知所措的新生，於是我修了三門與文學研究相關的課，其中之一就是朱老師的「現代美國小說」，教室在文學院一樓右側第一間研討室。上課鐘響，只見一位高瘦的中年男子進來（如今推算，老師那時正值三十九歲的盛年），就是朱炎老師，從此建立起三十六年的師生情誼。

朱老師的口才不是很好，情急時甚至還有點口吃，讓人暗自為他擔心，然而他的真誠、對學術的投入，以及對作家與作品的見解卻令人欽服。碩一初初踏入文學研究之門的我，在朱老師帶領下閱讀海明威（Ernest Hemingway）、福克納（William Faulkner），以及求學生涯中唯一的美國弱勢族裔作家艾里森（Ralph Ellison）。老師上課的進度不是很快，允許我有更多的時間沉浸在作品中，涵泳其中的深意。如他對海明威的"grace under pressure"（在壓力之下展現優雅）的闡釋，結合了自己的生命經驗，更是令人印象深刻，不僅成為他個人的處世態度，也影響到我對人生的看法。這種以生命印證文學的方式，已經超越了一般的學術研究，而進入了人生境界。

為了鼓勵學生，朱老師坦然呈現自己的研究歷程。記得有一次他邀請全班學生到他在舟山路的宿舍，除了吃飯、聊天，更取出私人讀書筆記與論文稿。我們看到他在大筆記本上手抄的讀書札記，論文的初稿、二稿……，文稿上有若干眉批，有些甚至用藍、紅鉛筆打上大大的叉。平時我們看到的論文都已是期刊上印出的白紙黑字，完整而周詳，殊不知其中歷經了多少曲折與努力。朱老師出示研究的各個階段，讓我們親眼目睹了學術成果絕非一蹴可及，而是「一步一腳印」自閱讀、抄錄、構思、寫作、修訂、再修訂、校對的漫長艱苦過程。難怪他常說寫一篇論文就像「剝了一層皮」或「死了一次」，而每次寫論文都得重新經歷這種痛苦，彷彿從未寫過一般。這種說法頗有禪宗「大死一番」的況味。而他袒露自己的「足跡」或「疤痕」，多少有如密勒日巴向弟子岡波巴展示他最珍貴殊勝的口訣（也就是因為苦修而來的遍身老繭），令我深受震撼與鼓舞。震撼的是，即使如此出名的學者印成鉛字的論文，仍都是經過一回回錘鍊而成，絕無僥倖的成分；鼓舞的是，只要下苦功，步步踏實，我們也有同樣的機會（直到二〇〇五至二〇〇六年，我到加州大學柏克萊校區〔University of California, Berkeley〕擔任傅爾布萊特計畫〔The Fulbright Program〕資深訪問學人，才在著名的亞裔美國歷史家高木羅納〔Ronald Takaki〕家裡，與其他學生見識到類似的範例，那時的我已是半百之年）。①

那次從朱老師家回來，我大約整整一星期處於類似「顛峰經驗」的狀態，

①參閱筆者〈歷史．知識論．社會責任：高木羅納訪談錄〉，收錄於《與智者為伍——亞美文學與文化名家訪談錄》（允晨文化，二〇〇九），頁二一八—二六〇。

感到非常地亢奮與喜悅，讓友人們深覺訝異，不知為何如此。而我自己心知肚明，老師就是以這種方式鼓勵學生「一分耕耘，一分收穫」，「有為者亦若是」。如此將「金針度人」的苦心、課堂上的「真情流露」，以及以生命印證文學的特殊法門，激發我以海明威的《戰地鐘聲》（*For Whom the Bell Tolls*）為題撰寫期中報告，這也是我生平第一篇正式撰寫的論文。老師仔細批改報告，連一個標點也不放過。在發回報告時特別當眾提到我的文章，表示「寫得很活」，並說可惜不久前中央研究院美國文化研究所的《美國研究》（*American Studies*）季刊編輯會決議，不接受研究生的論文，否則就會要我把這篇拿去投稿。這種評語讓當時缺乏自信的我難以置信，也深受鼓勵（誰知多年後我會成為這份學術期刊的執行編輯與主編，因緣真是不可思議）。可惜的是，那篇報告後來被同學借去觀摩遺失了，只留下我根據它改寫的中文版〈生死．愛情．海明威〉，刊登於政大的《自強報》。

公私分明

由於朱老師的啟蒙和鼓勵，引領我逐漸踏上文學研究之路。也由於他的至情至性，讓一向不太願意與師長打交道的我一直與他保持聯繫。朱老師很重視學生的來信，即使因為繁忙未能立即回覆，也會一直惦記著，並且抽空回信，內容絕不客套、敷衍，而是真誠相待，勸勉有加。我的一些著作與譯作出版後請老師指教，他也頗為鼓勵，甚至在賓客面前讚美，反而讓我覺得不好意思。

朱老師對學生的關懷與照顧眾人皆知，對陌生人也慷慨解囊，幾乎到了傳奇的地步，但涉及公務時卻公私分明，非但不以私害公，反而對愈親近的人要求愈高，有時幾乎到了不近情理的程度，甚至以此自豪。這點跟隨老師多年的有成領會最深，也坦然接受，真是有其師必有其徒。

我在就讀臺大博士班二年級時申請國立大學專任教職，但陰錯陽差，未能如願，必須等待來年。三年級時為了保險起見，我也同時申請美國文化研究所助理研究員一職，雖然當時我對中研院的工作性質毫無概念。後來大學方面先有回音，但我因前一年的慘痛經驗而有「好馬不吃回頭草」之心，於是佇候美文所方面的消息。朱老師不因我是他的學生而絲毫放鬆。我遲遲未得回音，不免心急，有成也熱心代為詢問，但沒有下文。一直到六月下旬我才接獲美文所肯定的訊息，於一九八三年七月一日報到，正式開啟我的學者生涯，而朱老師也在這一天卸任所長，由孫同勛先生接任。這個關鍵性的選擇決定了我的一生，讓我有機會多方探索，不時出版新作。

兩代交情

朱老師與我的另一層關係則涉及大時代——他和家父母都是山東流亡學生。家父母隨著中學由山東經江蘇、浙江、安徽、江西、湖北、湖南、廣東一路南下，再搭登陸艦於一九四九年七月七日抵達澎湖。朱老師則因為一位素昧平生的軍官一念之仁，帶他上船自青島到基隆，再輾轉到澎湖，進入澎湖防衛司令部子弟學校。七月十三日，五千多名年齡稍長的男生，在刺刀脅迫和重重士兵包圍下編入部隊，家父便是其中之一，是為著名的澎湖「七一三事件」。女生和年齡較小的男生——包括家母和朱老師——則留在學校，繼續接受教育。大時代的共同記憶使得這群流亡學生具有獨特的向心力。我到中研院工作之後，家父母曾在流亡學生聚會的場合與朱老師見面。他們說，老師對流亡學生的子女能在學界立足表示肯定，不乏溢美之詞，讓家父母頗感欣慰。家父母也轉述其他同學的看法，認為朱老師是性情中人，在老同學之間毫無拘束，有說有笑，又摟又抱，真情流露，完全沒有大學教授的架子。家父母自國小教職退休後，以攝影自娛，經常結伴出遊並參加攝影比賽，得到不少獎盃。家母曾將她拍攝的蓮花照片放大，印在方型帆布上，囑我送給朱老師，老師和師母很喜歡這張照片，懸掛於客廳牆上，經常向客人介紹。

我於二〇〇〇年至二〇〇二年擔任中華民國英美文學學會理事長，曾任理事長的朱老師也是理監事之一，大力支持學會的各項活動與決議，包括為學會助理加薪。學會就在前輩學者的監督指導與眾人的同心協力下蓬勃發展，並舉辦了幾個大型研討會（包括二〇〇〇年十二月三十至三十一日與成立不久的國家科學委員會人文社會科學研究中心及由美國文化研究所易名的歐美研究所合辦「臺灣的英美文學研究：回顧與展望」學術研討會）。不久我接到已在逢甲大學擔任人文社會學院院長的朱老師於一月九日寄來的賀卡，對學會的「生氣勃勃」表示「可喜可賀」，也稱讚這次的學術會議「很出色」，最後附上一句：「多謝你把令慈攝的蓮花裝框贈我，好美。」展現了他浪漫與通達人情的一面。

為了慶祝老師七十歲生日，在高天恩老師與李有成、王安琪等人策畫下，得到書林出版有限公司蘇正隆大力支持，準備出版壽慶論文集，給老師一個驚喜。不料消息走漏，老師不願此事繼續進行，經過多方勸說，包括師母居間委婉說明大家的心意，老師終於勉強同意。多位門生以及有學術淵源的後進負責撰寫論文。我針對臺灣的華裔美國文學研究撰寫論文，何文敬也與我商量。我因為擔任英美文學學會理事長時曾主持國科會人文社會科學研究中心的「臺灣地區的英美文學研究」整合型計畫，請文敬負責二十世紀的美國文學研究，知道他曾花了許多工夫整理並深入了解臺灣學者在這方面的學術成果，於是建議他針對朱老師的美國文學研究撰寫專文，從臺灣外文學門學術建制的制高點給予適當的學術與歷史評價。

有成和安琪主編的《在文學研究與文化研究之間——朱炎教授七秩壽慶論文集》於二〇〇六年六月出版，內容充實多元，印刷精美大方。朱老師看到門生故舊的心血結晶甚為歡喜，對於文敬的大作〈探道索藝，「情繫文心」：朱炎教授的美國文學研究〉尤其激賞，甚至認為比他本人更了解自己的學術軌跡與研究成果。因此，壽慶文集在籌畫過程中雖然有些波折，但美好的結果再度印證了「好事多磨」。眾人原本邀約等老師八十大壽時再次共襄盛舉，如今已沒有機會了。

去年六月四日為慶祝老師七十五歲壽慶，眾位門生在臺大尊賢會館為老師祝壽，師母以電動車載著老師前來——對許多人來說，這個畫面已成為臺大一景。王安琪和陳玲華事先特地代為選購一件帥氣的防雨大衣，方便老師外出之用，老師很高興，當場穿起，大家拍照留念。會場中，門生或講話或唱歌為老師祝壽。輪到我時則提起老師和家父母同為山東流亡學生那段往事，說到被迫入伍的家父在自澎湖移防臺灣時，部隊長特准他上岸後去探望畢業分發到高雄鳳林國民學校任教的家母，結果沒有找到，想不到回程時兩人在旗津渡船口巧遇的情景。想到那一輩的人所遭遇到的苦難，我心中頗為激動，不禁聲淚俱下，這是我唯一一次當眾情緒失控，令在座不少人動容。朱老師雖然有幸在學校就讀，一路發展，但也吃了許多苦頭，幸賴堅強的毅力與決心方能克服萬難，在學術研究、文學創作與行政事務上都有耀眼的成就。這些絕非當今斤斤計較於學術出版的後生晚輩所能企及。

後來老師因為胰臟出現問題，延請名醫診斷，開刀治療，李有成、紀元文和我數度自中研院連袂前往臺大醫院探視，除了多方寬慰與祝福外，也懇請形影相隨的師母好好照顧自己。由於當時我在歐美研究所負有行政職務，時間上比較沒有彈性，未能經常探望。最後一次單獨前去是在十二月十九日傍晚，那時因為準備次年的四十週年所慶，閱讀魏良才先生主筆的所史，對於前輩學者篳路藍縷、開創新局的視野、努力與決心至為感佩，尤其是朱老師在晉用人才時的大公無私，以及不惜賣屋也要辦好國際會議的氣魄，更是令人欽佩。因此，我在歐美所特製的卡片上寫滿內心深處的感受，並且致贈皈依師父聖嚴法師的墨寶「真大吉祥」為老師和師母祈福。我把卡片和墨寶拿到老師面前請他過目，並逐字念出卡片上的文字，感謝老師的教導之恩以及所樹立的風範，並希望老師能在名醫的診治以及師母的悉心照料下早日康復，參加三個月後的歐美所四十週年所慶。誰知這竟是最後一次見面，不到一週，老師便溘然逝世，徒留無限的懷念與追思。

悠然南山

老師是難得一見的性情中人，有情有義，吸菸、喝酒、引吭高歌，並不時宴請好友門生。在老師的眾多學生中，我應是最無趣的一位，因為既不吸菸，又不喝酒，也不會唱歌，自先母往生後更是長年茹素。但老師宴請時仍時時記得我，我也盡可能抽空陪伴，最常聚會的地點就是舟山路的鹿鳴堂，席開一整桌，而師母都會交代廚師為我準備素餐。我由於不唱歌、喝酒，又住在南港，每次都在飯局結束後就告辭，未一塊到附近的卡拉OK續攤，陪同老師縱酒高歌，錯過了他生命中精彩的另一面。

老師號「南山」，又號「南嶺」，足見他對「悠然見南山」境界的嚮往，然而感時憂國的熾熱情懷卻恰如其名「炎」（老師曾說，他原名為「燚」），這種衝突與矛盾的心境可從他的書名《此時有聲勝無聲》與《酒入愁腸總成淚》看出，他甚至有「千古寂寞一朱炎」的慨歎。我個性單純，生平較少波折，以往對於這種心境未能深入領會。晚近涉世稍深，體悟日多，漸能體會老師為何如此自苦，也多少讓我聯想到佛經中「雉救林火」的苦心孤詣以及知其不可而為的悲壯。雖然老師的心境如此苦楚，難以自拔，卻民胞物與，愛人如己（「解衣推食」對他而言不是誇大的形容詞，而是真實行為的描述），而且有賢妻長相陪伴，同甘共苦，鶼鰈情深，子女適性發展，在專業領域各有所成，也得到許多朋友的真情相待與學生的衷心敬愛，其實並不孤單，應該也少遺憾。或許因為經過大時代洗禮的他志向高遠，胸懷廣闊，以國家天下為己任，故而卓然不群，超拔孤高，遂將自己的生命形塑成百載難得一見的巍巍南山。

（原收錄於二〇一二年十二月九歌出版社之《南山不寂寞——懷念朱炎教授》，李有成編）

猛志逸四海

懷念楊牧先生

初識楊牧——以文相會

中學時為了專心準備聯考，我禁絕了課外書。直到進入政治大學西洋語文學系，在良師益友的提點下，逐漸進入文學世界，也是從他們那裡知道了葉珊／楊牧（本名王靖獻）這號人物。

「良師」是余光中老師，他在大二的英國文學史課堂上，不時提到當時臺灣文壇的情形，印象中曾兩次提到楊牧。一次是余老師為《中外文學》主編一九七四年六月的「詩專號」。當時出現一些批判臺灣現代詩的聲浪，此專號除了刊登前行代與新生代的詩作之外，還邀請了現代詩人與學者撰寫綜論與專論，頗有回應的意味。時居西雅圖的楊牧撰寫長詩〈林冲夜奔〉，並以〈致余光中書〉做為專號後語，以書信體強力反駁那些批評，和余老師的前言〈詩運小卜〉相互輝映。出刊後，我和班上不少同學都買了一本，以了解臺灣詩壇現況。另一次好像是《中國時報》連續兩天刊載楊牧的散文，刊出的第一天余老師便在課堂上說，如果我們寫得出這樣的散文就好了。

「益友」則是大二時自中文系轉入西語系的張力。他就讀高雄中學時便是文藝青年，既寫詩，也寫散文，還編輯校刊。我有意一窺當時臺灣文學樣貌，便請他介紹一些書，記得他推薦了《葉珊散文集》、《請坐月亮請坐》、《六十年代詩選》、《七十年代詩選》等。我隨即買來閱讀，增長了些許見聞，但很難說有什麼心得。兩人絲毫不知冥冥中有條線牽引著我們日後與楊牧相會。

一九七五年秋，我們就讀大四，張力為了政大的新詩朗誦比賽，經由當時在香港中文大學任教的余老師推薦，計畫邀請該年在臺大外文系客座的楊牧擔任評審，因此有了交集。與此同時，政大一群文友有感於多年前的星座詩社煙消雲散之後，後繼無人，有意成立新的詩社，取名「長廊」。熱心推動此事的有東語系的黃憲東（筆名黃維君）、施至隆，新聞系的陳家帶、孫瑋芒，中文系的游喚，還有我們班的張力、沈文隆等人。我雖不寫詩，但樂觀其成，附庸風雅地在交給校方的成立社團申請書上簽名。也因為長廊詩社的籌畫、創立與後續活動，多次與楊牧見面。

如今回想，楊牧當年不過三十五歲，不僅早以詩、文聞名文壇，而且是加州大學柏克萊校區比較文學博士，任教於美國大學，並與林衡哲合編新潮叢書，發揮重大影響。我就是從那套叢書初次接觸到陳世驤、夏濟安、杜維明、鄭愁予、鍾玲、陳芳明等人的作品，當然也包括了楊牧本人的《傳統的與現代的》。因此，我們對「王老師」的尊重不在話下，卻也因為沒有正式的師生關係，得以純粹以文會友，喝酒聊天，不知是不是他那段客座期間最無拘無束的時光？

王老師不把我們當外人，我們也相當「賓至如歸」。尤其時至冬日，我們不時前往叨擾，到他金山街的住處吃火鍋，彼此「分工合作」，我們從木柵帶著鍋碗瓢盆和火鍋料過去，他則提供多種酒類，但只飲啤酒，有幾次還不無得意地說，他會輪流跟附近兩家雜貨鋪叫酒，以免店家奇怪為什麼他的啤酒消耗量那麼大。

初試啼聲——第一篇學術翻譯

那段期間有兩件事印象比較深刻。一是張力因為邀請王老師到政大擔任新詩朗誦評審，特地由同班同學、也是第一屆首獎得主胡為明，在詩人面前朗誦他創作的〈延陵紀子掛劍〉。當初在比賽現場，胡為明第一行一念出來，其抑揚頓挫與戲劇感就震懾全場。這次當面朗誦，詩人聽了之後沉吟半晌，才緩緩地說，沒想到自己的詩作可以如此用聲音來詮釋。

另一件事則與我有關。有一次我們幾位男同學前去拜訪，王老師提到《中外文學》跟他邀稿，但他苦於無暇撰寫，有意找人把剛出版的英文論文"Towards Defining a Chinese Heroism"譯成中文投稿。由於我先前幾次在政大的中英翻譯比賽得過獎，大夥便起鬨說我得過翻譯獎，能力有多好云云。我趕忙推辭，表示那只是大學生的比賽，自己沒譯過學術論文。沒說出口的是，當時為了全力拚外文研究所入學考，我連已報名的預官考試都已放棄，深恐備多力分。王老師則鼓勵我翻譯，並說他可幫著訂正譯稿，我才誠惶誠恐答應下來。當天因為待得太晚，沒有公車回木柵，眾人留宿，我則花了不少時間閱讀論文，成為張力筆下「眾人皆醉他獨醒」的人。

次日上午與王老師討論，大致決定一些專有名詞的譯法。由於首次翻譯學術論文，過程中戰戰兢兢，也查找了一些資料，包括重讀《傳統的與現代的》以充實背景知識。譯稿出來後，王老師做了一些訂正，但印象中似乎不多，主要是標題由直譯的〈朝向一種英雄主義的定義〉改為〈論一種英雄主義〉，其他包括專有名詞以及小標題採用四字等。直到多年後我修訂別人翻譯我的文章，多所更動，才體認到文采與學識俱佳的王老師對我多麼寬容。那時還是手工寫稿的年代，記得當中有個註，因為中譯後不需要了，他考量到若是刪除，底下所有註號都必須前挪，工程浩大，便說刪除後他會補個註，問題就此解決。另外他也根據經驗提醒，內文、尤其是註釋中的英文，一定要打字，因為不管手寫得如何清楚，鉛字排版時一定會出錯。

譯稿經王老師訂正後，我重謄一遍，好像是由他交給《中外文學》。〈論一種英雄主義〉一九七六年四月於《中外文學》刊登，剛好在我考研究所之前。稿費大約有一千五、六百塊，對沒有兼差的我來說算是發了一筆小財，然而自己只是譯者，便向王老師請示如何處理。他大方地說稿費歸譯者，但我總覺得受之有愧，因為他既是原作者，又是訂正者。於是想到木柵以產茶聞名，就到附近茶莊挑了一罐價位較高的茶葉，下次與同學前去時送上。王老師如此「大膽起用新人」，看得出對年輕學子的信任與愛護，也開啟了我的學術翻譯之路。

後來洪範書店開張，張力在那裡幫忙，每次出版新書都會送我一本，我就閱讀兼校對，因此洪範早期的書都每本細讀，並從張力那邊聽說了一些文壇與出版界的新聞軼事。常言道「讀其書，知其人」，而關於楊牧，我則有幸得以進一步「知其人，讀其書」，領會更深。那段期間印象深刻的著作包含有關自我定位的〈右外野的浪漫主義者〉，頗具入世意味的《柏克萊精神》，而詩文一體的《年輪》更令我深深沉浸其中，讀完全書的那個下午舉目四望彷彿天地變色，感人之深竟至於此，是畢生難得的閱讀體驗。

猛志逸四海——多方位的楊牧

楊牧以詩、文聞名，但他身為編者以及引介者的角色則遭人漠視，不論是費時十五年編成的《唐詩選集》，或主編的近現代文學選集，或為編選的文集、詩集撰寫的緒論、序言，甚至於洪範各書封面內頁撰寫的作者與內容簡介，都反映了他的文學品味與價值判斷。若能將這些簡介結集成冊，以文字與封面對照，當可展現身為編者、引介者的楊牧如何引領文學風潮，以及洪範做為文學出版社的特色與貢獻。

後來我進入中央研究院從事英美文學與文化研究，曾在蔡元培紀念館的中國文哲研究所籌備處聽他演講，主持人為籌備處主任吳宏一先生，演講結束後先點名所外人士的我發問。由於我的研究領域包括美國文學史，於是問了幾個問題，包括編輯文選時的納入與排除，因為問題稍多，我還特地詢問他需不需要筆記，他表示不用，並一一作答。二〇〇二至二〇〇六年間，楊牧應聘到文哲所擔任所長，以他在學界與文壇的地位與人脈，邀請了許多學者與作家前來演講，我去聽講時都會打招呼，但因現場人多，且有外賓在場，不便多談。

最後的結緣則是東華大學的楊牧文學講座。負責安排的曾珍珍邀我於二〇一七年三月針對翻譯發表兩場演講（「從翻譯出發——一位學者／譯者的反思」與「翻譯與評介——作者、譯者與讀者之間的橋樑」），奇妙地連結上多年前因他而開啟的學術翻譯與研究。演講地點就在東華大學圖書館楊牧書房附近，我特地參觀了裡面收藏的楊牧文物、手稿、藏書等。那兩天曾珍珍都以電話向老師及師母報告活動進行情形，承蒙多所勉勵。曾珍珍還熱心招待遊覽七星潭等地，也帶我參觀她即將裝修完成的自建住宅，對新居充滿憧憬。然而不多久，她在新居失足墜地，蒙主寵召。而今年王老師也因病大去。思之令人悵然。

記得當年翻譯〈論一種英雄主義〉時，戒慎恐懼，字斟句酌，其中遇到英文"ambitious"一詞，煞費思量，仔細揣摩文意：若譯為「野心」，未免野而不當，不符語境；若譯為「雄心壯志」，似嫌尋常，而且詞費。忽然想到前人研究陶淵明時，曾以其詩句「猛志逸四海」來形容陶氏本人，遂用於譯文中，並當面向王老師說明出處與用意，獲得首肯。回顧楊牧一生文學志業，不僅通曉多種語文，出入於古今中外文學之間，並將所見所聞所思所感，化為詩、散文、論述、編輯、譯作，作品則有英、德、法、日、瑞典、義大利、捷克等外語翻譯，對生於花蓮、志在文學的楊牧而言，又何嘗不是「猛志逸四海」?!

（原載於二〇二〇年九月《中國文哲研究通訊》三十卷三期）

輯四・譯者之譯

單德興老師分享翻譯的修行心路

譯者未必有學者的權威，或是作家的聲譽，但其影響未必較小，甚或更大。譯者日與偉大的心靈為伍，見賢思齊，當其意會筆到，每能超凡入聖，成為神之巫師，天才之代言人。此乃寂寞之譯者獨享之特權。

——《余光中談翻譯》扉頁題詞

二〇一八年四月四日午後，法鼓山僧伽大學邀請到與聖嚴師父及法鼓山法緣深厚、在文字及跨語言上涵養豐厚的單德興老師，與學僧們展開一場難得的分享。任職於中央研究院歐美研究所的單老師，將師父的四本英文著作 *Zen*

Wisdom: Conversations on Buddhism、*Song of Mind: Wisdom from the Zen Classic Xin Ming*、*The Method of No-Method: The Chan Practice of Silent Illumination*、*Shattering the Great Doubt: The Chan Practice of Huatou* 翻譯成中文，讓讀者有幸深入其中；二〇一七年底本身著作《禪思·文思》也結集出版。單老師分享了書中內容，也談及自己眼中的譯者扮演著什麼樣的角色？而翻譯師父著作時，又抱持著怎麼樣的態度？

師父英文書具多重翻譯

單老師引用語言學家雅克慎的理論，將翻譯分為三種：一是「語內翻譯」，比方把文言文翻成白話文，兩者都在同一個語境裡；二是「語際翻譯」，從一種語文翻成另一種語文，也就是一般人熟知的翻譯；三是「符際翻譯」，就是翻成不同的符號，比方把一部作品改編成電影或音樂劇等。

不同於上述三種情況，將師父的英文著作翻譯成中文，情形更為複雜。師父英文著作的成書過程，是師父在國外道場以中文開示，開示內容是古代高僧大德的文字，那些文字是文言文，而師父用白話翻譯、講解、詮釋，這個過程本身是語內翻譯，也就是由文言翻譯成白話。師父的開示經由現場口譯，從中文變成英文，這是語際翻譯。翻譯後的錄音經過謄打，由聲音變成文字，則為符際翻譯，後續當然不免有所編輯。這些英文稿先在東初禪寺的《禪》雜誌刊登，然後收集成冊，出版成書，再經由翻譯從英文換成中文，又是另一次的語際翻譯。

這種英譯中是「雙重」的。所謂「雙重」，一方面是因為把師父的英文書譯成中文，另一方面是因為師父在開示中引用了一些古代高僧的原文，也就是說原文俱在，所以必須還原成原來的文言文。如果推得更遠些，那些文言文中的一些觀念和字眼，是從梵文翻譯過來的，那又是一個具有悠久傳統的翻譯了。

因此，單老師在翻譯師父這些英文書時，一方面是將它們翻譯成中文，尤其是師父自己發揮的部分，但其中有些原文來自文言文，必須加以還原，因此又為回譯或返譯（back translation），也就是說，師父的中文開示已翻譯成英文，要再把這些英文翻譯成中文，或者說譯「回」中文，其中可能會遇到一些困難。「這些困難如果能夠解決，心裡的成就感就會更大些。」單老師表示，遇到一些深奧的地方，就必須做一些研究工作，包括它原意是什麼？如何詮釋？在幾個不同的詮釋中，如何找出比較適合的？「其實翻譯本身是一個很好的學習過程，在整個過程中學習最多的就是譯者本人。」①

推崇偉大譯者玄奘大師

單老師將「譯」字，仿照一般對《易經》中「易」字的說法，而有三種不同的解釋，第一個就是容易的「易」，也就是使原先困難的原文，變成容易的中文。第二個是易容的「易」，像武俠小說裡的人物經常易容改裝、改變

①詳見本書〈看似尋常卻奇崛——聖嚴法師英文禪書中譯背後的故事與奧義〉。

外形，而翻譯就是換上另一套服裝，以另一個語文呈現。最後一個就是「不易」、「不變」，也就是說，即使換成另一個語言，也變得更為容易，但其中有些東西是不變的，「那也就是為什麼千百年之後，讀不同的經典，包括佛經在內，多多少少還能掌握到原意，道理就出於此」。

單老師也把「譯」解釋為受益的「益」，第一個受益的就是原作者，比方莎士比亞是用英文寫作，如果不透過翻譯，不懂英文的人哪能讀莎士比亞！「翻譯是個學習過程，因此另一個受益的就是譯者。再來，不懂原文的人，因為閱讀翻譯而能從中獲益，因此讀者也是受益者。」

單老師提到，自己非常推崇玄奘大師，並且舉了一個切身的例子說明玄奘大師的偉大貢獻。「我們早晚課念的《心經》，就是玄奘大師所譯。身為譯者，很難以想像自己的譯作在一千多年後，每天還有那麼多人在誦念，用來淨化身心，甚至在當中得到不同層次的領悟。」

《無法之法》大死一番

單老師很感恩有機緣翻譯師父的著作，能與很多人結法緣，還提及別人看到他翻譯師父的書，以為他有很深的領會與修行，「那實在是天大的誤會」！他表示，書裡講的是師父的境界，身為譯者的他只是盡可能地翻譯，一方面要求內容正確、忠實，不要有任何遺漏，另一方面要求文字簡明扼要，不拖泥帶水。

單老師提到翻譯師父的著作，與翻譯其他的著作不同。他先前讀過不少師父的中文著作，多次聆聽師父的開示，還跟著師父打禪三、禪七，因此相當熟悉師父的風格。師父的許多英文書都是禪七開示，而且師父在書序中都會特別強調，他不是在做考證、箋註，而是在禪堂針對禪眾的需要做開示，是「實戰經驗」、硬碰硬的禪堂實境呈現。也因此，單老師在翻譯師父的作品時，雖然兩人境界相去非常遠，但他會試著去揣摩師父的文意，包括回想師父在禪堂開示的風采，「其中當然包括了師父的幽默風趣，這些都要試著去傳達」。

談到《無法之法——聖嚴法師默照禪法旨要》全稿殺青時，師父已經圓寂，「當然要更審慎處理。」單老師說，這本書能夠出版可說是「大死一番」、「敗部復活」，在譯者後記中有詳細說明。為了審慎起見，譯稿特別請常悟法師（現任溫哥華道場監院）過目，因為師父在美國禪堂開示，許多時候常悟法師就在現場，包括《無法之法——聖嚴法師默照禪法旨要》、《虛空粉碎——聖嚴法師話頭禪法旨要》裡的開示。

常悟法師非常客氣，表示自己對譯稿的意見，僅供單老師參考，並且尊重他的決定。而單老師則完全遵照法師的意見修改。最特別的是，英文原書中有些用字不同，當然翻譯成不同的中文字眼，但常悟法師指出，其實師父在禪堂開示時，用的是同一個中文字眼，所以就遵照在現場的常悟法師的意見修改，「能有這種善知識幫忙修訂，真是非常難得」。

善盡本分與世人結緣

結語時，單老師給「學者」提供了另一個解釋：「學者並不全是人家講的『scholar』，而是『student』，學生——學習生命意義的人，而且一路都在學習。」另外，他也提到「行者」一詞，對他而言兼具旅行者、修行者兩層意思。原本他一直都不自稱「作家」，就連稱「作者」都有些疑慮。一直到校對《禪思．文思》的書稿，必須寫序時，才對「作者」有了更深一層的領會。

單老師記得有一年到農禪寺，仁俊長老剛好來訪，師父請長老開示，長老說「農禪寺」的名字有深意，既「農」又「禪」，應是取法自百丈清規「一日不作，一日不食」的傳統。所以在《禪思．文思》的序言中，單老師便把「作者」的「作」連結到百丈禪師的傳統。百丈禪師不出坡工作就不吃飯，身為作者、學者的他也該盡本分，「既然進入這一行，就要認清自己的角色，善盡本分，因為這就是你的職業，跟世人結緣的方式，要好好珍惜，廣結善緣」。

學生現場提問

問一：為何不能直接根據師父的中文去處理，再參考英文書，反而要從英文翻中文？是有版權問題，還是其他原因？

單老師（以下簡稱「單」）：我想應該不是版權的問題，主要的原因是編輯。師父有一些書是他演講、別人幫他整理，師父自己也花了很多時間修改。我見過出口成章的人，講出來的話幾乎不用修改就是一篇文章。師父講話也很有條理，但跟他自己的標準可能還有些距離，由於在禪堂上，有時為了方便禪眾了解，會反覆以不同方式講解，後來整理成文字時，因為文字可以反覆閱讀，與在當場聽、可能聽過就忘的情形很不一樣，所以必須整理、編輯，比較精鍊。

問二：哪些師父法語或佛法內容，讓老師覺得很受用，特別是面對生活困境的時候？

單：首先分享我個人的獨特經驗。我最早翻譯、整理師父的作品是《心的詩偈——信心銘講錄》。記得有一次在整理全書的列印稿時，有好幾天心裡覺得很平靜、心安、祥和，而那種平靜、心安，與一般的心安不一樣。比方說，我翻譯其他東西之後的心安，是在時間、學識、能力、體力範圍內，已經盡力之後的那種心安，也就是把事情盡力做好的那種心境，但都比不上那一次看稿時，打從內心深處自然而然生起的那種平靜、心安、祥和。那是多年翻譯與寫作生涯中，唯一的一次經驗。

師父的法語非常多，對我來說《聖嚴法師一〇八自在語》尤其受用！記得二〇〇五年我到加州大學柏克萊校區研究訪問，那時第一集自在語剛好出版，我就帶到美國每天讀，讀著、讀著，發現了一種特別的方法。當時只有摺頁的版本，如果每天讀一則，一〇八則要讀三個月，恐怕沒有恆心讀完；如果一〇八則一次讀完，又會覺得消化不良，因為和一般看書不同，那是必須真正去領會、好好去思惟，並且進一步去實踐的。我發現自在語的摺頁設計暗藏巧思，如果每天讀上下兩頁，剛好一星期讀完，可以如此周而復始地讀。後來自在語出了四集，等於四星期，大約一個月，可以全部讀過一遍，然後再從頭開始。

我早課時背誦《心經》，之後讀《聖嚴法師一〇八自在語》。《心經》的境界非常高，而我出門或上班遇到的是一般世俗之人，怎麼樣在出世間法、世間法之間連結？《聖嚴法師一〇八自在語》是非常好的工具。而且它的宗教色彩很淡，深者見其深、淺者見其淺，與不信教或不同宗教的人互動，都可以用得上。後來自在語又有多種語文版本，我曾經送給國際學者，就有韓國和日本的學者跟我說，這本小冊子讓他們受益很多，因此我很喜歡以《聖嚴法師一〇八自在語》與人結緣。

學僧心得

不斷旅行，不斷修行

開學後不久，看到公布欄上「作務與弘化」課程表，單德興老師將於某星期的午後與我們分享他的新書《禪思．文思》，想來那個週三將是難得的文化饗宴。

讀過翻譯書，知道翻譯不容易，只是沒想到這麼不容易！從單老師的分享中，得知「翻譯的時候不能太自以為是」。若文化差異很大，身為一位搭橋者，就像是要將鴻溝很寬的兩地，建造出好走的橋樑，須經過縝密的規畫及堅持的執行。

要翻譯到盡善盡美，中間文字、語言或符號的轉換可能經過無數次，沒準備好可能就對不起作者，出書時又對不起讀者，凸顯出翻譯者任重而道遠。想到古代翻譯無數佛經的大師鳩羅摩什，既了解多國語言，又博聞強記，深究佛法的真諦，為將佛經翻譯傳播到中國，中間旅程經過無數困難。如今看來，譯者之心，古今一同，當我們翻書覽閱，其中涵蓋了多少不簡單的歷程，著實令人無限感恩。

從分享到結語，可感受到單老師相當珍惜、重視與法鼓山、與師父修行的緣分。已著作、翻譯多本作品的單老師，竟認為自己仍在翻譯的領域學習，猶如出家人中的行者，既是不斷地旅行，也不斷地修行，前行於無疆般的境地；尤其還進一步將作者的「作」，與百丈清規「一日不『作』，一日不食」連結，推想單老師已將翻譯、寫作當作是修行，這一生將不退轉地、窮盡其力走下去。看著古今大德的風範，反省已出家的自己，是否有不忘修行的行者初心？遇到困境又如何轉化？

拜讀過《無法之法——聖嚴法師默照禪法旨要》，《禪的智慧——與聖嚴法師心靈對話》也翻閱多次，當我們將焦點放在師父面對西方禪眾的大叩大鳴時，卻沒察覺譯者的筆調流暢又優美、筆意到位的功勞。藉由這篇小文，向這位譯者、學者、佛弟子，由衷表示崇敬。

（法鼓山僧伽大學文苑小組採訪整理，原載於二〇一九年九月《法鼓文苑》十期）

學者與作者的幸福密碼

單德興訪談錄

二月中旬收到張光斗先生的訊息，邀我上國立教育廣播電台的《幸福密碼》接受訪問。張先生與我同為聖嚴法師弟子，曾追隨法師錄製國內外弘法行蹤，是僧俗四眾中最親近者之一，所撰四冊《阿斗隨師遊天下》（法鼓文化，二〇〇一，二〇〇五，二〇〇八，二〇一二）既真實生動，又風趣幽默，提供了對法師難得的貼身觀察，出版以來膾炙人口。光斗師兄多年來以公益談話性節目《點燈》製作人身分聞名，目前擔任這一季《幸福密碼》的主持人。此節目由該電台與法鼓山人文社會基金會共同製播，邀請社會各界人士分享心得。

節目採預錄方式，為了方便起見，光斗師兄當天接連錄製五集，我的時間原訂下午四點半，因為有人與我對調，於是提前到一點半。上節目之前三天接到寄來的訪綱，列出四大問題，我根據這些問題整理思緒，把答案寫在幾張回收紙背面，幾經修訂，做為訪談時的參考。此外，我還應他的要求選了四首歌曲，中、英文各兩首，依序為“Imagine”、〈最後一夜〉、〈瀟灑走一回〉、“Let It Be”，供後製時搭配之用。

國立教育廣播電台位於臺北市植物園南海學園內。當天我自南港搭捷運到小南門站，出站後步行沒幾分鐘就來到樹木林立、枝葉扶疏的植物園。正午時分遊人不少，似乎未受新冠肺炎的影響。我來到廣播電台，先用大門口的酒精洗手消毒，再到警衛室量體溫，由警衛帶我前往後方的樓層，自行上樓，來到三〇三錄音室。光斗師兄已完成第一個訪談，兩人聊了一下，工作人員告知四段的時間分配和注意事項，便開始錄音。

彼此認識多年，不時在國內不同場合見面，先前也曾在紐約一道拜望法師的方外之友、名作家王鼎鈞先生，再加上是臉書朋友，感覺特別熟悉。訪問者依照訪綱提問，我則參考原先準備的答案回應，雙方並根據彼此的問答隨機應變，時間掌握得當，於一小時內順利完成。

巧合的是，因為我的時段調整，接下來的訪賓是法鼓山方丈和尚果暉法師，於是我就留在錄音室，與工作人員隔著大玻璃窗，一道透過擴音器聆聽法師針對新冠肺炎分享佛法的因應之道，以及日常保健注意事項，等於平白近身聆聽了一場開示，很佩服方丈和尚應機說法中所展現的慈悲智慧與善巧方便。

臨走時我遍尋不著便帽。此帽隨我多年，心想如今緣分已了，就此告別，不免有些悵然。來到大門口，赫然在酒精洗手機旁看到那頂便帽，原來是先前脫下時忘了取回。我向警衛致謝後，戴著失而復得的便帽怡然離去。

老師的言教與身教

張光斗（以下簡稱「張」）：今天邀請的特別來賓大有來頭，是來自南港中央研究院的單德興教授。他不但是學者，還是作家，中、英文俱佳，著作等身，也是聖嚴法師和文壇幾位巨擘的入室弟子，比如余光中、齊邦媛、朱炎、王文興教授等等。今天很高興《幸福密碼》能請到這麼一位非常幸福的人。

單教授有機會親近這些大師，很多人一定羨慕得不得了。請問你與他們相處，以及閱讀他們的作品，最大的收穫是什麼？

單：我覺得最大的收穫除了這些老師的言教之外，還有他們的身教。比如說余光中先生是我政大西語系的老師，他才是真正的大作家，在詩歌、散文、評論、翻譯四方面都有豐碩的成果。你說我是「作家」，其實我認為自己只是「作者」，也就是「文字工作者」，或者只是「學者」，也就是「終身學習者」。大二時余老師教我們英國文學史，是我文學跟翻譯的啟蒙老師。除了課堂上知識傳授的言教，還有身教。一般而言，大學裡老師授課主要是傳播知識，但是上他的課可以清楚感受到他對文學的熱愛，讓人感染到他的熱情。我會走上文學研究這條路，就是受他的啟蒙。翻譯方面也是一樣，他在授課之中讓人感受到翻譯的奧妙，引人入勝。他當時擔任系主任，舉辦全校中英翻譯比賽，吸引學生積極投入。①

張：翻譯就更難了，所謂的「信、達、雅」，少一項都不行。名師出高徒，難怪你著作、翻譯了那麼多了不得的書。那齊邦媛教授呢？

單：很巧的是，昨天晚上她還打電話給我，談到一本書和相關的寫作，都九十六歲高齡的人了，讀起書、做起事來還是那麼認真。其實齊老師並沒有教過我，我們之間的緣分非常特殊。我一向關心臺灣的外文學門建制史，也做過一些相關訪談，較大規模的男教授訪談是朱立民老師，他曾任臺大文學院院長、淡江大學副校長，是我的碩士論文指導教授。女教授方面我就選擇跟齊老師做訪談，原因除了她是外文學界資深教授，純粹是出於對她的敬重，因為她熱愛文學，多年來無私無我地推動臺灣文學。齊老師在國立編譯館任職時，組織團隊，把具有代表性的臺灣文學作品翻譯成英文，由美國的大學出版社出版，將臺灣文學推廣到國際上。這是以實際行動來愛臺灣，而不是口中講講而已。因此，我跟她進行訪談是出於

---

① 參閱本書〈「在時光以外奇異的光中」——敬悼余光中老師〉。

由衷的尊敬，想為臺灣的外文學界留下一份紀錄。訪談由我和她從前的學生趙綺娜博士共同進行，總共將近二十次，每次大約兩個小時。我沒上過她的課，反而心情上比較放得開。因為她上課很認真，許多學生，包括現在的中研院院士，一提到她上課的情形還心有餘悸。

張：是喔！無法想像。是因為她在課堂上一絲不苟，有一些嚴格的要求嗎？

單：是的，她上課非常認真，課堂外也很關心學生，和很多學生成了一輩子的好朋友。當初朱立民老師邀請她到臺大文學院的研究所教高級英文，也就是除了外文所之外，所有研究所的英文都由她來教。那時候全臺灣文學院的研究生非常少，可以說個個都是學術界的菁英，因此很多中研院院士當年都是她的學生。她對文學的喜愛，以及傳播知識的熱忱，深深地打動、啟迪了很多人。很多研究生因為上過她的課，基礎打得好，後來到國外念書，都沒遭遇太大的困難。我雖然無緣當她的學生，但沒想到幾十年後能有機會跟她當面進行一系列訪談，算是另類的因緣。這種因緣沒有師生之間的壓力，因此是滿特別、滿幸運的。

張：也等於是口述歷史？

單：是的。原先跟老師提議、進行時都是朝著口述歷史的方向，等錄音稿整理出來，齊老師求好心切，大幅改寫，就成了華文世界著名的回憶錄《巨流河》（天下文化，二〇〇九）。②

張：原來如此。剛剛聊了兩位老師，那第三位老師王文興教授呢？

單：王文興老師是我臺大外文所的老師，也是非常著名的作家。在我心目中可說是「文學的苦行僧」和「文字的鍾鍊者」。他堅持一天只寫三、四十個字，多年如一日。你若看紀錄片《他們在島嶼寫作：尋找背海的人》（目宿媒體，二〇一一），就知道他的文字真的是一個字、一個字「敲」出來的。此外，他要求細讀：一天只讀兩個小時，一小時不超過一千字，務必要專注，看出字跟字、句跟句之間的關係，到底好在哪裡。

張：果然像苦行僧一樣。

---

② 參閱本書〈精進的人生，美好的晚年——讀齊邦媛教授日記有感〉。

單：第四位朱炎老師也是臺大外文所的老師，則是另一個典型。他是山東流亡學生中年紀比較小的那一批，年紀大、個頭高的男生（包括我父親）在澎湖馬公被強迫徵召入伍，女生（包括我母親）和小男生則留在學校繼續念書。這些學生因為離鄉背井，缺乏資源，所以很珍惜求學的機會。朱老師苦讀出身，口才雖然不是很好，甚至有點口吃，但是上他的課可以讓人感受到他的投入與真誠，以及他對於學術的態度。他對學生很好，有一次不但請班上學生到他家吃飯，還讓我們參觀他的書房、研究資料，包括他讀書、做筆記、寫論文時用的大筆記本。我們讀他的論文時看到的是最後的研究成果，覺得寫得那麼好，等到看了他的筆記本，裡面有大量的閱讀、筆記，看到不同階段的撰寫與修改過程等等，才發覺背後所下的硬工夫。換句話說，刊出的學術論文有如站在高高山頂上，但是筆記本則讓你清楚看到他這一路是怎麼一步步走上來的。那對我是很大的震撼和啟發，甚至那個星期有如處在騰雲駕霧的興奮狀態，連旁邊的朋友都好奇到底發生了什麼事。③

張：剛才你談的幾位老師，都是在大學和研究所遇到的。還有哪位老師在你人生中非常重要？

單：前面提到的幾位都是世俗間的學者，傳授給我對文學的興趣以及對學術的敬重。至於方外人士則是聖嚴法師，傳授給我的是法身慧命。我在一九九二年初有緣參加第一屆社會菁英禪修營，那時法鼓山還沒開始蓋，只有一座原有的觀音殿。那三天真是與世俗生活完全不同的震撼教育。之後我打過幾次禪七，地點包括農禪寺、法鼓山，還有紐約的東初禪寺。一般說來，學者比較不容易接受宗教信仰，我先前讀過很多佛書，包括聖嚴法師的書，一九八八年才決定在他座下皈依三寶。

張：那很早了。

單：相對於早先皈依的人來說，我算是資淺。慚愧的是，身為在家居士，必須照顧家庭和工作，尤其研究工作需要自我要求，而在中央研究院從事研

③參閱本書〈百載孤高一南山——追懷朱炎老師〉。

究，自我要求當然要高，相對地投入修行的時間和心力就比較少。儘管如此，我還是盡量抽空閱讀聖嚴法師的著作，參加一些禪修活動。一直以來的感想就是，他能連結世間的智慧與出世間的智慧，在開示與文章中都結合了佛法、人情、義理，用深入淺出的方式呈現，讓深者見其深，淺者見其淺，各獲其益。

聖嚴法師有他獨特的禪風，靈活善巧，對出家弟子和親近的人比較嚴格，對一般人則溫和寬厚。他的開示中除了佛法，也相當幽默、風趣，因此攝受力很強。他既是學問僧，更是宗教師。一般人口中的「著作等身」其實多是誇飾，聖嚴法師身高超過一百七十公分，但上百冊的《法鼓全集》疊起來是真正的「著作『逾』身」。至於他以宗教師的身分提倡心靈環保，主張「提昇人的品質，建設人間淨土」，籌建法鼓山，甚至在他圓寂之後採用「植存」方式，都是很好的身教。他的一生非常精彩，廣結法緣，攝受力非常強大，許多人都可在他的言教與身教中找到相應的地方。

張：是的。法師在寫作的時候非常嚴謹，這點你應該深有體會。你是不是曾經幫忙翻譯他的作品？

單：是的，我曾經把他的幾本英文禪書譯成中文。在過程中感受到一方面他相當尊重譯者，給你很大的自由，另一方面他對自己的作品要求嚴格，所以他在預立遺囑裡提到，凡是未經他過目的文字，都不許收入全集裡。我能翻譯法師的英文禪書可說是因緣際會。早先我雖然參加過幾次禪七，但不懂佛門規矩和用語，每次報到時看到旁邊有「打齋」兩個字，都不知道是什麼意思，總覺得自己每次來打七都是白吃白喝，心裡不安。有一回在農禪寺解七之後，在走廊上遇到果光法師，他當時擔任法師的機要祕書，父親曾是中研院民族所所長，所以我們兩人比較熟。我就跟他說，自己有些譯書的經驗，不知道法師的一些英文書有沒有翻譯成中文？如果沒有的話，請他請示法師能不能讓我翻譯。因此，這個翻譯的機緣可說是出於慚愧心和感恩心。後來一九九五年夏天我到東初禪寺打七，看到「打齋」旁邊有英文，叫"donation"（捐獻），我才了解。真是後知後覺。

翻譯法師的書跟翻譯其他作家的書很不一樣。因為我除了讀過法師的書，還跟著打過禪三、禪七，曉得他的禪風、講話的語氣，翻譯時就努力揣摩法師的口吻，想要把禪堂的氛圍忠實傳達出來。因此，翻譯法師的書對我是很好的機會教育，藉著這個機會細讀法師的英文著作，再以精準的中文表達出來。④

張：相對地，對你來說也會很緊張吧，因為要字字斟酌。

單：的確如此。因此我跟法鼓文化講好，譯稿不是一次交出，而是先在《人生》雜誌上逐月連載，連載完再出書。其實，我在交稿前已經修訂過好幾遍。連載前有雜誌社的編輯和法師協助把關，我自己也可以校對幾遍，出書前有出版社的編輯協助把關，我也還可以再校對幾遍，而每次校對都是修訂的機會，等於是層層把關。這樣我會比較心安一點。

張：由此可見，聖嚴法師治學嚴謹的那一面也影響到你的整個翻譯過程。

單：法師對自己的著作要求嚴格，會讓人更加審慎。當然我也要感謝法鼓文化的編輯們，給我很大的空間，容忍這麼「龜毛」的譯者。

張：你在中央研究院工作多年，無論是讀或寫都有相當的心得，對於晚生後輩有什麼可以傳承的經驗？

單：其實也沒有什麼太特別的心得。首先，文字素養是最基本的，包括讀、寫、譯。再來是研究方法，要掌握方法，循序漸進，打穩根基。然後就是要坐得住，耐心、細心。我個人不論是翻譯、寫文章，都是想了又想，寫了又寫，改了又改，必要時多找幾個人幫著看，提供意見。比方說我執行國科會經典譯注計畫《格理弗遊記》（*Gulliver's Travels*）時，全書譯稿出來後，不單單請臺大外文系的教授過目，也請當時念國中、國小的兒子、外甥幫著看。通過了大學教授那一關當然覺得心安，但通過了小朋友這一關更讓我覺得高興，因為這本書流傳史上很重要的一部分就是被當成兒童文學。至於自己的著述當然也是嚴格要求，一改再改，甚至在看期刊或專書的校樣時，都還一遍遍修改。

說來有趣，我的人生可說是始於讀書寫字，到現在耳順之年，身為研究人

---

④參閱本書〈看似尋常卻奇崛——聖嚴法師英文禪書中譯背後的故事與奧義〉。

員，還是在讀書寫字，等於這輩子都是在讀書寫字中度過。因此，我剛剛會說，我心目中的「學者」就是「終身學習者」，而「作者」就是「文字工作者」。

張：走上這一條路，對你來講是自然而然的。父母親給了一個很寬鬆的學習環境，然後自我要求，慢慢就走上這條路。大概是什麼時候確定這個方向的？

單：大二時，余光中老師教我們英國文學史，引發了我對文學的興趣。真正確定要考研究所是在大三，從那時起就發揮高中時代準備聯考的精神，專攻外文研究所要考的五個科目：國文、英文、英文作文、中英翻譯、英美文學史。其實這五科當中，真正有教材可以準備的只有英美文學史，厚厚四大冊，大概有七、八千頁之多。到了大四，我已經報名預官考試，許多人同時準備預官和研究所考試，但我發覺以我的能力跟時間很難兼顧⋯⋯

張：⋯⋯所以就專攻研究所考試。

單：是的。

張：可以想像你治學的精神一以貫之，決定之後就義無反顧地往前走。這是你的幸福密碼之一。

單：是的，心思比較單純。

張：真好。我們休息一下，來聽單教授所選的蔡琴的歌：〈最後一夜〉。

單：這首歌是電影《金大班的最後一夜》（*The Last Night of Madam Chin*）的主題曲，電影改編自白先勇的同名短篇小說。〈最後一夜〉是由慎芝作詞，陳志遠譜曲，在蔡琴的詮釋下，讓人有著繁華落盡的感慨。整首歌充滿了滄桑淒苦的感覺，但在我聽來卻像是在演繹佛法。

張：讓我們一起來聽聽這首歌，看是不是也能聽出一點佛法的韻味？

山東流亡學生與澎湖七一三事件

張：你對山東流亡學生與澎湖七一三事件也做了相當的研究，不知道你是長期研究這個專題，還是有長輩碰到這樣的事件？相信很多人都不知道這些事情，能不能概略解說？

單：其實這不是我專長的研究領域，我的訓練是在文學方面。不過我父母親都是山東流亡學生，而且是當中罕見的夫妻檔。他們在抗戰勝利前一年（一九四四）結婚，因為國共內戰，時局動盪，就決定跟著學校一路出來，於一九四九年七月七日搭乘登陸艦抵達澎湖，一星期後發生了澎湖七一三事件。去年（二〇一九）剛好是該事件七十周年，國家人權博物館舉辦了「山東流亡學生與澎湖七一三事件七十周年特展」，意味著官方不僅正式承認這個歷史事件（其實二〇〇八年就在澎湖設立了紀念碑），而且公開展示與反省，進一步徵集資料。剛好去年我有了孫子，也就是說，父母來臺七十年，落地生根，如今家族四代，對我而言意義非比尋常。

因緣真的不可思議。本來我去年八月要到美國加州進行三星期的研究訪問，機票、住宿、學術單位、訪問學者都已安排妥當，卻因為放心不下年逾九旬的老父而未能前往，結果反倒有機會充分參觀相關的展覽。位在景美的國家人權博物館的展覽我就看了五次，每一場演講和座談都沒錯過。

我也特別飛到澎湖，去看澎湖開拓館同樣的展覽，再到海邊的觀音亭去看紀念碑，還在從事相關研究的林寶安教授帶領下到馬公和西嶼（當年的漁翁島）參訪一些舊址，包括當年的營地和刑求的地方，感受很深。我很不會認人，在景美的展覽中，我一直到第三次才發覺一位孫姓遠親提供的兩張照片中，我父親都在裡面。如此就將展覽的歷史事件跟家族史密切連結了。當初我父母親跟著學校一路南下，渡海到澎湖，然而後來在澎湖的遭遇，跟原先單純想要跟著學校出來一塊念書的意願有很大的落差。

張：好像是因為學生不願當兵，想繼續念書，而發生了一些動亂，是不是？

單：山東流亡學校一路南下，到了廣州，教育部跟國防部達成協議，年紀較大的男生接受半訓半讀，也就是一半時間接受軍訓，一半時間上課。然而到了澎湖後，當地部隊人員稀少，有官無兵，而且教育程度低下，突然間來了幾千名學生，認為是求之不得的兵源。

我父母親是一九四九年七月七日搭乘登陸艦抵達澎湖馬公的，他們之前的一批則去了漁翁島。到達馬公的這一批在一星期之後，也就是七月十三日，在大操場集合，於澎湖防衛司令的命令下編兵，有兩個反抗的學生被刺刀刺傷，血濺當場，因此幾千位年紀較大的男生在刺刀脅迫下當兵，女生和小男生留在學校裡繼續念書。那批被迫入伍的男生完全不知道什麼時候可以退伍，簡直可說是遙遙無期，經過一些波折，包括一九五五年其中一些人在臺中火車站前集體跪坐於蔣中正銅像前的「四二五臺中事件」。我父親最終是當了十年兵才退伍。我母親於一九五一年自澎湖防衛司令部子弟學校畢業，分發到高雄鳳林國民學校（就是現在的鳳林國民小學）當老師，三年期滿後請調南投，前後教了將近四十年的書。

張：那些在刺刀脅迫下當兵的學生心生不滿，聽說校長也被槍斃？

單：是的，張敏之和鄒鑑兩位校長遭到槍斃。他們覺得當初山東父老把子弟託付給他們是為了出來念書的，結果這些年輕人不僅受教權被剝奪，還被迫當兵，覺得有負所託，於是到處找已經來到臺灣的各界山東大老，希望能夠出面營救這些學生。這個行為觸怒了澎湖的軍方，三十九師師長夥同底下的政戰人員羅織罪名，指控一些師生是匪諜。除了兩位校長之外，還有五個學生，在星期天押到馬場町槍斃。一般說來星期天是不執行槍決的，但相關人士為免生變，匆匆於星期天執行槍決。五個學生中有三個才十九歲，兩位校長也才四十幾歲。張敏之校長在山東的教育界、政界、國民黨裡都相當有地位，屬於忠黨愛國的那種人，竟然落到如此下場。這就是白色恐怖下的澎湖師生冤案。我母親在自傳裡提到這件事時形容為「人神共憤」，我父親在自傳中則說當時大家是「不敢怒也不敢言」。這個冤案一直到一九九〇年代才正式平反。

張：父親偶爾還會跟你談這些事情？

單：不太會跟我們談。我父母是在故鄉結婚後才出來的，但他們的同學大多未婚。記得我們從前住在南投縣中寮國民學校的日式宿舍，寒暑假都有很多叔叔來，一住就是十天半個月，甚至更久。跟他們在一起時，父母親就好像回到了學生時代，尤其父親跟他們講話和開玩笑的方式，流露出平常我沒見過的另一面。後來這些叔叔陸續成家，就比較少來了。那是我小時候很鮮明的記憶。

張：這些歷史的悲劇發生在山東流亡學生身上。你會針對這事件再有著作或文字記載嗎？

單：我先前寫過幾篇小文章，最近會再寫篇稍微長一點的。去年八月接連看展之後，覺得家族來臺灣已經四代了，而我又是學文學的，應該有承上啟下的責任，把這段家族史記錄下來。我已經蒐集了幾箱書跟資料，就看如何安排時間，慢慢寫出來。

張：你剛剛提到的展覽都結束了？

單：是的，景美和澎湖的展覽都結束了。策展人之一是成功大學的謝仕淵老師，所以後續於十一月下旬轉到成大博物館展覽，我前些日子特地去臺南看展，雖然規模比較小，但新增了一些資料，甚至結合了工作坊，有高中老師、學生、大學生參加，不過後天就要結束了。據我所知，成大結束後還計畫到其他學校巡迴展出。⑤

張：這事件是歷史的傷口，我們不能遺忘歷史，必須記取教訓，希望不再發生類似的悲劇。

家庭教育與教養方式

張：文學和歷史是你研究的重點之一。針對歷史真假、是非對錯的研究，必須要有嚴謹負責的態度。一路下來，你滿意自己當年選擇的志向嗎？這與父母的身教有關？是否也影響你對下一代的教導？

單：我的專長在英美文學與比較文學，沒特別鑽研過歷史，不過也學過文學史，寫過一本有關美國文學史的書，對於不同世代的學者如何書寫與重寫文學史有一定程度的了解。至於我當年的選擇，現在回顧起來覺得心滿意足，也相當感恩。我是典型的MIT，不是麻州理工學院（Massachusetts Institute of Technology），而是Made in Taiwan，我所有的學位，包括博士

⑤參閱筆者〈策劃流亡，展示離散——山東流亡學生特展及其反思〉，《字花》八十五期（二〇二〇年五月），頁一五四—一五九；〈失蹤與顯影——山東流亡學生的故鄉與家園〉，《文訊》四一六期（二〇二〇年六月），頁三十四—四十二。

學位，都在臺灣取得。從南投縣中寮國民學校，省立南投中學初中部、高中部，政大西語系，臺大外文研究所碩士班（英美文學）、博士班（比較文學），一路都沒間斷，一直念完博士學位才去當預官。也就是說，我從大二受到余光中老師啟蒙，之後在研究所接觸到學者型的朱炎老師和比較少見的創作型的王文興老師，一九八三年進中研院服務一直到現在。要追根溯源的話，應該說是父母親在我們小時候就鼓勵閱讀，經常買一些課外書給我們看，像是注音版的世界兒童名著，埋下了文學的種子。因此，我是興趣、訓練、職業、志業四合一。

張：好幸福！

單：我的確是滿幸運的。這就是為什麼我說自己很知足和感恩。另一方面這也跟家世背景有關，因為父母親是流亡學生，來到臺灣後家無恆產，記得父親曾經說在大陸有多少田多少地，說丟就丟。我父親當了十年兵之後重回學校，就讀員林實驗中學（現在的崇實高工），畢業後到國民學校教書，我母親則更資深。他們知道自己在臺灣沒有恆產，所以很強調子女的教育。很多外省第二代都是這種情況，我的說法是「無恆產而有恆心」。我就讀的是鄉下學校，數理方面比較差，高三全年級十班只有一班是甲、丙組合班，其他九個班都是社會組，聯考時只能靠文史來搶分數。我的英文稍微好一點，填志願時就把英文系和外文系都填在前面，結果考進了政大西語系。幸運的是，進去的時候是余光中老師擔任系主任，進行了一些課程改革，我們大二時剛好受惠，而且有幸上了他的課。

還有很重要的，就是父母親的言教與身教。他們很關心子女的教育，但並不干涉，基本上就是提供一個安穩健康的環境，讓我們自由發展。比方說我們家兄妹三人，我是男生，在臺灣一路念文學；大妹讀理工科，留學美國，目前在國立大學教書；小妹留學、定居法國。三個人都拿到博士學位。我說這些絲毫沒有炫耀的意思，而是以實例說明父母親對於教育的重視，允許子女自由發展，絕對沒有重男輕女的觀念。像我剛剛講大四時我原先研究所跟預官兩邊都報了名，但當時在家書裡並沒有提到放棄考預官這件事，直到考上研究所回家才跟父母親講。他們說其實早就從我的家書猜出來了，但是充分尊重我的選擇，也不拆穿。因此，我父母親除了提供自由安穩的環境之外，還有充分的信任。

張：對，那很重要。

單：我對我的小孩基本上也一樣，做到哪個程度我不敢說，但重點是他要往哪個方向發展，我都尊重他的選擇。

張：兒子成家立業，也給你添了孫子。孫子你也讓兒子自己去管，對不對？

單：兒孫自有兒孫福嘛。我現在累的時候看看孫子的照片、影片，精神就來了。

張：特別療癒？

單：對，感覺特別有活力、有希望。

張：我們節目是《幸福密碼》，回顧自己一路走來，在你的字典裡能不能歸類出真正的幸福密碼？或者說，就像我們剛剛所聊的，就是早早做好你的人生規畫，一無反顧地往前走。可不可以跟聽眾朋友分享你的幸福密碼？

單：恐怕不是很容易歸納。

張：你客氣了。

單：首先就是要掌握自己的興趣。隨著興趣而來的就是決定自己的方向，決定之後要堅持自己的興趣跟選擇的方向。除了堅持，還要踏實，一步一步向前走。像是余光中老師，有一次公視播放有關他的影片，那一期公視月刊用他的照片當封面，他的著作疊起來比他本人還高，但也都是一個字、一個字寫出來的。我昨天剛好看到他的一本書，前面附錄他的手稿影本，字跡非常清楚，是典型的余氏標記，上面的修改也是一絲不苟。

張：千錘百鍊。

單：另外像是齊老師負責臺灣文學英譯時，不但找外國學者翻譯，也找本國學者對照原文細讀，如果對譯文有意見還要討論，每字每句都是這樣斟酌出來的。再像是朱炎老師的論文，或者王文興老師的小說，也是一個字、一個字磨出來的，令人非常佩服。我一直有種深切的感觸，開始的時候只隱約覺得有個遠大模糊的目標，一路走來像是在摸索。但等到回頭去看，會發覺自己這一路其實是一步一腳印，步步相隨，環環相扣。這就是為什麼我說自己很幸運，滿知足與感恩，從一九六〇年進小學，到一九八三年進中研院至今，始終沒有改變跑道。

張：進中研院馬上快四十年了。

單：是的，這裡面有所謂的因緣，也就是主觀因素和客觀條件，既有自己的興趣與方向，也很幸運一路遇到那麼多良師。

張：你四十年堅守工作場域，一路往前走，有灑脫的一面，所以剛剛你選的另一首歌〈瀟灑走一回〉印證了你的人生閱歷。最後一首歌更是讓人跌破眼鏡，居然會選披頭四（The Beatles）的 "Let It Be"，有的時候人會想放手，但是你的人生有 Let it be 過嗎？

單：對於人生逆境，聖嚴法師有著名的「四它」說，最後一項就是「放下它」（前三項為「面對它」、「接受它」、「處理它」）。這首歌的歌詞是保羅．麥卡尼（Paul McCartney）寫的，直到最近我才知道，他當時正面臨樂團解散的困擾，夢見過世的母親跟他講 "Let It Be"。因此這首歌對他有個人的特殊意義，而不同的人也會有不同的詮釋。我大一就讀臺北的大學，遠離南投鄉下，在學校宿舍有空就抱著吉他，學這些英文歌曲，不管是有些灑脫的"Let It Be"，還是有著濃厚烏托邦色彩的"Imagine"。記得大二時，余光中老師在課堂上還提到"Imagine"這首歌，沒想到我多年後竟然兩度到利物浦看當初披頭四出道時的表演場地「洞穴俱樂部」（The Cavern Club），以及約翰．藍儂（John Lennon）錄製這首"Imagine"時彈奏的白色史坦威鋼琴……，這些都是始料未及的，然而這一切的一切，到頭來還是要 Let it be。

張：這首歌在很多人的成長過程中有非常重要的意義。人生很多事情不能較勁到最後，有時 Let it be 之後海闊天空，又有另一番風景在自己眼前了。

（二〇二〇年三月六日張光斗訪問於國立教育廣播電台）

學者・行者・作者

單德興訪談錄

適逢中央研究院歐美研究所特聘研究員單德興老師新書《禪思・文思》出版，中華民國英美文學學會理事長蘇子中老師便萌發訪問單老師的企畫。之所以訪問的人選是筆者，並非因為英美文學學術背景接近，而是恰巧筆者曾接觸佛教修行氛圍裡外數年，因此才有幸順此因緣負責這次訪問單老師（資深學者／佛教徒）的任務。在求學過程中，雖然主修英美文學，但筆者對於玄哲形上之空境極感興趣，對於愈抽象的理論思維愈感心醉。初次接觸《金剛經》時，最感興趣的是其中破相非破的境界，與筆者所體會的文學理論或哲學思辨有類似痛快的思緒飛躍，與雲裡來霧裡去、急緩任換的非典衝擊。雖然過程很過癮，時間一久則問題漸顯。也許是筆者切入錯誤、用功不夠或悟性不足，始終徘徊在一種沒有明顯結果的巷弄之內。這些徘徊流浪，是構成這篇訪談錄的問題主調之緣由，是自己真正想得到解惑，或至少得到回應的問題。例如學術與修行，在這裡外遊走，其中抽象的理念與操練，透過修行的過程是否能夠得到解決？如何解決？哪些是應有的態度與方法？如何在運用這些方法之時又不為這些方法所困……。心中問題紛雜，幾番思索仍不知如何依理排序，但時限已至，只好硬著頭皮將提問一股腦兒投向老師，希冀得到某種智慧過濾或澄清解析。原計畫請單老師自由揀選回答，但他居然將每個問題都仔細回應，而且是一修再修，令筆者欽服不已。

佛學、禪學與文學

林嘉鴻（以下簡稱「林」）：請問佛學對您在文學理論方面的理解領悟是否有影響？如果有，可否請您多闡釋一點影響的面向與程度？

單德興（以下簡稱「單」）：宗教是文化中不可或缺的因素，也是文學與藝術的重要題材。我們研究英美文學的人都深知《聖經》與希臘羅馬神話在西洋文學中的關鍵地位。再就文學理論來說，最明顯的例證之一就是有關詮釋的理論與方法的 Hermeneutics（詮釋學），原先來自詮釋《聖經》，因此也有人譯為「解經學」，後來這套理論與方法擴及哲學文本與文學文本的詮釋。

關於你提出的問題，我們必須先釐清一個觀念，也就是佛教中經常強調的「佛學」與「學佛」的不同：「佛學」著重對佛法的學術研究，屬於知識性；「學佛」強調對佛法的身體力行，屬於實踐性。因此，聖嚴法師就說：「學問的領域重在研究，經驗的範疇則為實踐。」他是一位學問僧，既是當代的大修行人，也是漢傳佛教史上第一位攻讀到博士學位的人，他對蕅益大師的研究，是研究明末佛教的學者必讀之作，因此這話由他說出特別具有說服力。

就我個人來說，我的研究領域是文學，而且僅限於英美文學的一小部分；

佛學則是另一門高深的學問，即使是佛學學者，窮盡畢生精力也只能鑽研其中極少的部分。我自知沒有能力與時間兼顧這兩個浩瀚的領域，因此一向是以文學學者與佛教徒自居，從未奢求兩全。簡單地說，文學是我的興趣、專長、職業、志業，此生有幸結合四者。學佛則是我個人對終極關懷的抉擇，目標在於立身處世、安心立命。各人有各人的立身處世、安心立命之道，也可能會對終極關懷感興趣，而我則選擇佛教做為個人的宗教信仰，並且試著實踐其中的若干修行法門。因為對我來說，佛教對許多現象的解釋與作為，比其他宗教更具說服力與包容性，也有許多具體的修行方法。

至於佛學對我在文學理論方面的領悟有沒有影響，我必須坦承自己並未鑽研佛學，對佛理僅止於一般的了解，因此影響並不明顯。雖然我從大學起就開始看佛書，服兵役時書架上幾乎全是佛書，但當時是為了理解並解決個人生命中的困頓與苦厄，屬於實用性的，而非學術性的。在閱讀之後多少摸索出一些門道，體認到「佛學」與「學佛」的不同，一個類似閱讀食譜或游泳手冊，一個則是直接品嘗食物或跳進水裡，前者有助於了解，培養正知見，但更重要的是後者的實踐，否則就像過路財神、說食不飽。

佛法的熏陶與內化，對我日常生活中看待事物有相當程度的影響，而佛法與文學理論之間也有相通或彼此啟迪之處，像是《金剛經》中說：「諸微塵，如來說非微塵，是名微塵。如來說世界，非世界，是名世界。」顯示了語言的約定俗成與假名安立的性質。又如巴特勒（Judith Butler）所提出的人命危脆與可慟（the precariousness of human life and grievability）、自他之間的相關相倚（the relationality and interdependence between self and other），這些主張與「世間無常，國土危脆」和「無緣大慈，同體大悲」的觀念也有相通之處。至於佛教「眾生平等」的主張以及淨土思想，對弱勢論述、族裔研究、性別研究、動物權益、生態研究等，也會有一定程度的啟發。以上的說法有些籠統，只是點出大略的方向，要運用時還須仔細論證。佛法來自人間，涉及人類現象的方方面面，理論則提供我們解讀文本的觀念架構，就看研究者如何在兩者之間找到連結，深入探索，相互發明。

需要強調的是，文學理論既然名為「理論」，主要是概念性的，例如反本質論者在理念上主張自我是虛構的、建構的，但在日常生活中遇到攸關個人利害的情況時，可能還是會有強烈的情緒波動，顯示其自我不僅存在，甚至還相當大。而佛教不但宣揚無我、緣起性空的觀念，更進一步要人去信、解、行、證，真正去實踐，並且提供不同的修行方法，明示不同的修行次第，這很可能是講求思辨的理論與講求實證的佛法最不同的地方。

林：請問禪學的意境對你生活與學術的影響如何？

單：我早年在念大學與研究所的時候，是以知性的角度來閱讀與禪相關的書籍或論述，甚至想要去「理解」禪宗公案，以為理解之後會有利於接近悟境，那可說是累積知識和建立知見的階段。然而，獲得博士學位之後，離開家人和中央研究院去服兵役，在南部訓練基地接受一個口令一個動作的入伍訓練，在大太陽底下端著步槍攻山頭，更加上跳箱時傷了腳踝……，外在環境的巨大落差以及由此而來的內在困苦，讓我深切體會到知見不足恃，許多事情不是了解道理就行了，還必須能夠做到，而往往知識累積愈多，知與行之間的差距就愈大。因此，軍中的洗禮讓我直面生命中的困頓，當時對佛法所說的八苦——生、老、病、死、怨憎會、愛別離、求不得、五陰熾盛——除了生苦與死苦之外，其他六苦都有深切的感受。後來我參加禪修，以及在人生中遭遇到更多事情之後，才進一步體會到佛法除了知識之外，更重要的是實踐，甚至只要終身奉行若干基本原則、專修一個法門，就能為人為己解決許多煩惱。換句話說，佛法或禪法之於我，與其說是知識與學問，不如說是生活方式與生命態度，協助我面對人生中的種種現象，包括研究在內。若要硬說是「佛學」或「禪學」，我也會警覺純粹知識的不足，或者套用現在的說法，會比較留意 embodied knowledge（「體現性知識」，又譯「體驗知識」）的一面。

我當兵時沒看什麼文學本行的書，反而看的幾乎全是佛書，試圖在書中找到處理眼前困境的方法。在諸多法師、學者與作家的著作中，發覺聖嚴法師的作品最能兼顧佛法、義理與人情，協助我詮釋與處理眼前的問題，於是我在一九八八年退伍兩週內就到農禪寺皈依。當時雖然知道實修的重要，也想去禪修，但因為學術生活忙碌，接著在一九八九年獲得傅爾布萊特基金會研究獎助（Fulbright-Hays Foundation Research Grant），到加州大學爾灣校區（University of California, Irvine）進行一年的博士後研究，所以直到一九九二年二月才有機緣參加法鼓山舉辦的第一屆社會菁英禪修營（我到現在都還不認為自己是「菁英」，而那個禪修營於後來改名為「自我超越禪修營」），開始為期三天的禪修，成為我戲稱的「黃埔一期」，之後又鼓起勇氣報名禪七，先後在農禪寺、法鼓山、美國東初禪寺打過幾次禪七，也因此有機緣將聖嚴法師的四本英文著作翻譯成中文，成為中譯他作品最多的人，卻一直到多年後才能將這個特殊的翻譯經驗轉化為翻譯研究的學術論文。①

不過我必須坦承，因為須專注於學術研究，所以並不算用功修行的人，也

---

① 參閱本書〈看似尋常卻奇崛——聖嚴法師英文禪書中譯背後的故事與奧義〉。

談不上什麼「意境」，就只是一種比較嚮往的人生態度與生活方式。簡單來說，就是希望減少自己心中的煩惱，可能的話也減少周遭人的煩惱，讓彼此的日子過得更平順、愉快一些。就這個意義來說，我應是注重實效、甚至可說是相當「現實」的人，因為我認為佛法與禪法就是要用來解決問題、減輕煩惱的。當問題解決、煩惱減輕時，心境就會比較寧靜安詳，不管是對生活或學術都是有幫助的，而距離理想的目標或境界也就更近了一點。總之，這方面的領會對我生活面的影響較大，對學術面的影響較小——雖然說學術其實就是生活的一部分，而對生活與生命的影響也會間接投射到學術上。

林：在文學研究的過程中，在研讀懷疑色彩重的理論中，曾經對禪學感到迷惑或是質疑嗎？

單：禪對我來說既然是生活方式與生命態度，而佛法又是建立在世間法的基礎上，因此我遇事就以常情常理與佛法的基本原則來判斷，至於對禪的知性思辨，那已經是禪學的領域。對我來說，文學領域的研究與專業服務占去了大部分的時間，加上日常生活中還有自己的家庭生活，光是實踐所知的道理就已經很難了，實在沒有太多時間去覺得迷惑或質疑。或者該說，我當初是經過讀書與思辨的過程才選擇了佛教，尤其是其中的禪宗，因此比較根本或外在的疑惑大致已經解決了。

換個角度來看，在所有宗教中，其實佛教是很理智的宗教，甚至鼓勵懷疑，反對權威，像是禪宗就主張「大疑大悟，小疑小悟，不疑不悟」，又像是「男兒自有沖天志，不向如來行處行」。佛陀在南傳的《葛拉瑪經》中更勸誡人們要仔細辨別真偽：

不可因為口口相傳就信以為真。
不可因為奉行傳統就信以為真。
不可因為流傳廣遠就信以為真。
不可因為引經據典就信以為真。
不可因為合乎自己觀點就信以為真。

不可因為根據哲理就信以為真。
不可因為引證常識就信以為真。
不可因為符合先入為主的觀念就信以為真。
不可因為說者的威信就信以為真。
不可因為他是導師就信以為真。

我們如果把出處遮住，單就內容來看，即使在當今這些都還是很理性、很高明的說法。因此佛教可說是最鼓勵懷疑、反對權威的宗教，禪宗尤其如此，甚至有呵佛罵祖之說。

我們甚至可以說佛教是非常解構的，像是《金剛經》裡有一個著名的比喻：「汝等比丘，知我說法，如筏喻者，法尚應捨，何況非法？」這些在在提醒我們，特定的用詞與看法固然有其作用，但只適用於特定的情境，當情境改變時，就要隨之改變，而不是固守著所謂一成不變的本質。更重要的是，佛法不只這麼宣揚，還要人身體力行，也就是說，不只思辨，更要實踐。就懷疑論或反本質論來說，佛法可能不僅比這些論調深入，更運用各種法門幫助人們去實踐無我、無執。這是我個人的領會。

林：請問哪些英美文學故事對您影響最大？請問哪些佛學故事對您影響最大？

單：我在文學這一行浸淫了幾十年，到了這個年紀，看到任何文本往往不自覺就會用專業知識來解讀，也看得出各自的特色，已經很難說哪些故事影響最大了——當然我曾經在〈一則不完整的童年故事——文學的力量〉（《禪思．文思》，頁二十二—二十六）那篇短文中，提到自己童年時閱讀一篇故事的經驗，但那與其說是影響，不如說是為了顯示文學的吸引力。我現在閱讀時，是根據學術訓練與生命經驗，希望能對文本有更深的領會與印證，因為我這一代的學者接受新批評的訓練，是從細讀文學文本入手的。對年輕時讀過的故事，甚至鑽研、寫過論文的文本，再讀時由於時空的不同，生命的轉化，而有不同的體會，有時甚至單就故事談故事，純粹為了閱讀的樂趣。

套用禪宗的說法，年幼時讀文學作品，沒有專業知識的介入，可說是「見山是山，見水是水」；有了專業知識之後，尤其是撰寫論文時，套用特定的理論或運用特定的視角去解讀文本，經由理論與知識的中介，有如「見山不是山，見水不是水」；在體驗到理論的長處與局限之後，閱讀時不再限定於特定的理論或視角，就只管閱讀，以生命經驗與文本相互映照，有如「見山又是山，見水又是水」。這只是大略的描述。前輩學者施友忠先生曾以上述禪宗的例子說明類似的過程，並稱之為「二度和諧」。

如今我更認定閱讀是個持續不斷的過程，在生命與閱讀告終之前，都有機會重讀先前讀過的文學作品，每次都可能有不同的領會。這種情景就像趙州和尚的故事：「趙州八十猶行腳，只為心頭未悄然。」只要我們對於閱讀與生命還抱持著新奇、甚至寸進的態度，即使八十歲了也還是能優遊書海，也許「及至歸來無一事，始知空費草鞋錢」，但如果沒有出去走一遭，又如何能知道呢？此外，趙州和尚曾自稱平生大悟三十六回、小悟不計其數，指的是不同情境下的大小體會、突破與提昇。我希望在自己的閱讀生涯中也能一直維持這種精神，即使年事漸高，依然不斷探索，自我挑戰，日新又新，在文學與佛法中精進不已。

學術、修行與考驗

林：在學術與修行的過程中，請問是否曾遇過嚴峻的魔考？

單：你這是用修行來比擬學術了，也就是在這些過程中有沒有遇到特別艱難或出乎意料的挑戰。禪宗中有所謂的禪病，《楞嚴經》中也提到五十種陰魔，但那必須是認真修行到了某種程度之後才會出現的磨難或考驗。像我們一般沒有認真修行的人，頂多只是禪三、禪七時心神不定，腳痛、腿痛、腰痠、背疼，根本沒資格得什麼禪病，也沒什麼魔考可言。就我個人來說，求學與學術生涯基本上相當順遂，除了當兵那一年十個月遭到一生中較大的挫折與磨難，以及行政工作後期遇到的挑戰之外，談不上什麼嚴峻的魔考。

不過，換個角度來看，考驗卻是時時都有，有時可能未必那麼自覺。例如我一直認為自己不太會把外在的事務反映在情緒上，更不願意影響到別人。但幾年前同修跟我說，從我的情緒狀況可以看出研究進行得順不順利，而且多年來一直如此，甚至連小孩都能察覺到，我這才知道家人多年來對我的關注與包容。記得在臺大外文所碩士班時，覺得每位老師都高高在上，因為看到的都是外表光鮮的一面，卻不知他們背後所下的工夫。朱炎老師曾跟我們說，每次寫論文都是從頭開始，好像從來沒寫過一樣。他又說，寫一篇論文好像剝了一層皮。這些說法讓我印象深刻，到今天都還記得。他曾邀班上學生到家裡聚餐，給我們看他的讀書筆記和不同階段的論文稿，讓我們了解他寫作的過程，包括用紅、藍鉛筆所改的文稿，甚至上面還畫了大大的叉。那次經驗對我是很大的震撼與啟發，讓我深切了解他在私底下所下的工夫，有點像是藏傳佛教大師密勒日巴向弟子岡波巴揭示自己身上苦修的疤痕。②

其實那種經驗任何寫論文的人多多少少都有所體會，尤其是論文寫得不順的時候，因此不能說我個人對此有什麼特殊的體驗。當然我對自己的論文有一定的要求，多年來也發展出個人的標準作業模式：寫出文稿後先請不同的人過目，提供意見；在會議上宣讀時有與會者的回饋，修訂時又是一番工夫；送審時審查人可能有意見，有些可據以修訂，甚至把審查人的意見納入正文或腳註中，加以註明及回應，有些不是該論文所要討論的，只能明白相告或另行處理；論文被接受後，每次的校對都還有修訂的機會；甚至論文在期刊或論文集出版後也尚未終了，因為自己出書時會再修潤文字或增訂資料。這整個過程漫長而複雜，必須保持耐心與細心。

當然，有些論文寫作的情境特殊，或自己對哪個議題特別有感受，比如有關早年華人移民拘留於美國加州舊金山外海的天使島時，在板壁上題詩與銘刻的那篇〈「憶我埃崙如蜷伏」——天使島悲歌的銘刻與再現〉，③寫

---

②參閱本書〈百載孤高一南山——追懷朱炎老師〉。

③參閱筆者《銘刻與再現》（麥田出版，二〇〇〇），頁三十一—八十八。

來特別有感情。我在修訂那篇論文時還根據審查人的建議親自走訪天使島，之後每次去舊金山訪學、開會或研究，也盡量找機會重遊，不過那已經是另一個層次的議題了。我如今年逾六旬，時間與生命有限，不會再為了衝論文篇數或為了操演特定的理論來寫論文，而是覺得哪篇文本自己特別有感，或者自認值得關切的議題，才會投入時間與生命來處理。

林：請問曾經透過禪學來解讀英美文學嗎？

單：不瞞你說，我年輕時的確有過類似的想法，甚至曾向人表示過，已故的陳元音教授在他的《禪與美國文學》（東大圖書，一九九七）自序中就提到這件事。慚愧的是，多年前的這個想法至今依然沒有實現。原因之一是，我自認對禪學還沒有充分的掌握，不足以從事英美文學的解讀。另一個原因是，我尊重文學的主體性與多元性，不願以單一的觀念架構來解讀。不過最重要的原因應該是，我在實際禪修以及對禪宗文獻更深入認識後，發現許多美國經典作家的作品與禪宗只是表面上相似，但有些根本上的差異。從未接觸過佛教或禪宗的美國作家姑且不論，即便是接觸過佛教或禪宗思想的作家，可能也只限於文字的理解與知識的累積，並沒有實修的體驗，或者有個人特定的看法與作法。我不願以自己的理解與體會來詮釋或強作解人，因為那可能於對方不公，也無助於我對這些方面更深入了解，甚至可能只是增長誤解——雖然要自圓其說未必是太困難的事。

當然，佛教與禪宗流傳到美國已經許多年了，有些作家的確受到佛教與禪宗的影響，參加禪修或內觀，認真修行，成為自己的終極關懷與日常生活的一部分，有些人甚至以禪師的姿態出現。因此，以禪學的角度來鑽研這些作家可能較為恰當，有能力的解讀者可達到相互映照的功效。但我個人到目前為止自認視角不同，訓練不足，無能也不願如此嘗試。至於未來有沒有機緣，還在未定之天。

因此，我先前在一些非學術性的文章中試著指出一些可能的相近之處，這些文章收入我的近作《禪思．文思》中，主要是從人性或人的存在狀態的角度切入，以比較平易近人的方式，指出文學作品中對人生在世的探討與佛法有相通之處。但那些只能算是一位資深文學讀者對一些文本的感懷與生命體悟，稱不上學術之作，而且我也無意把它們當成學術之作，因為那樣可能反而限縮了讀者群——雖然說我的準備工夫與寫作的審慎程度無異於嚴謹的論文。有趣的是，因為這些有感而發的文章比起論文來，與我的心理距離更近，所以我對這些文字也有著不同於學術論述的特殊感情。如果挪用王國維的說法，學術論述偏向於理性超然的「無我之作」，那麼這些文章則是帶有主觀感懷的「有我之作」。不過，這也證明了我不僅距離王國維所說的「無我之境」甚遠，距離道家所說的「太上忘情」或佛法所說的去除「人我二執」更是遙不可及，的的確確是個修行不力之人。然而當前的因緣、主客觀條件如此，我必須面對與接納。

林：在懷疑論重的學術之海修行的過程中，遇過的最大誤會是什麼？

單：基本上臺灣的外文學門視野寬廣，胸襟開闊，崇尚多元，有各自的興趣與專長，卻沒有太明顯的門戶之見，因此誤會的情況比較罕見。記得我在大學時代的老師就曾說，文學詮釋只要言之成理，能自圓其說即可，至今看來依然如此。我個人一路走來，每篇論文根據當時的學力、時間與條件努力以赴，自己心裡明白即可，沒有什麼特別可說的。不過有個現象倒是值得一提，文學與文化理論接踵而來，往往一個理論剛興起，又有一個不同的理論出現，甚至彼此打對台，出現鐘擺現象。記得一九九〇年代初，推動美國學界理論建制化的重要人物柯理格（Murray Krieger）在接受我的訪談時就提到，許多人急著趕搭最新的理論風潮的列車。深受歐美影響的臺灣，這種對理論的焦慮頗為明顯，值得深入探討。

我在一九八〇年代初就讀臺大外文所博士班時，教中西思想史的袁鶴翔老師就鼓勵我們要「一門深入」，鑽研一個理論或領域，但又要「觸類旁通」，對其他相關理論或領域也要有一定的了解。他對當時臺灣出現的理論現象有感而發，認為由於不同理論此起彼落，往往沒有充分時間讓一個特定的理論在我們的土壤上深耕，就又得緊跟著其他新起的理論，應接不暇，周而復始。他對此引為憾事，如今看來這種現象非但並未改善，反而有愈演愈烈的趨勢。

因此，如果說在文學研究或一般學術研究有任何「雷區」的話，我認為除非是專書或專論，否則切忌以單一的理論架構來看待、甚至統攝多元的文學或人文與社會現象。的確，每個理論都有其關懷、視角與言之成理之處，可以燭照特定的文本或人文現象，協助我們從特定的角度觀察，有其獨特的貢獻。但再強勢、周延的理論，也是來自特定的時空條件與文化背景，有長處，也有限制。若以特定的理論關懷來看待不同路數的研究，會造成不必要的困擾。

比方說，後結構主義主張「作者已死」，但對性別研究、弱勢論述、族裔文學、後殖民論述來說，作者的主體性是很重要的，對這些理論的研究者宣稱「作者已死」，真是情何以堪。

如果不從各自的脈絡來探索，考量不同理論的適切性，只獨尊某種學派或奉某種理論為圭臬，在面對多元繁複、眾聲喧嘩的文學與文化現象時，並不是很合適。因此，我一方面希望外來的理論能在本土生根，成長茁壯，另一方面也希望能有更開闊的視野與胸襟，來看待一切事物。在審查論文或計畫時，我盡量順著作者或申請者的理路，判斷能不能完成設定的目標，在資料或邏輯上有什麼地方需要補強，而不是以自己主觀的認知或偏愛的理論來看待。

林：在研究時，請問是否會刻意壓抑佛學的聲音出現在學術著作與思維之中？

單：我不是佛學學者，自認對教義的掌握不夠深入，而是以文學為專業，深切體認到文學的主體性與文本的多元性，因此不會特意用佛學的角度來解讀文本，也就沒有壓抑或不壓抑的問題，倒是時時留意自己的起心動念，當作日常生活的功課。不過若是我認為特定文本的性質與佛法相關，也會適當引用，不會刻意壓抑或排斥，甚至認為有些文本以佛法的角度切入，在目前學術界可能更有創意。例如華裔美國作家湯亭亭（Maxine Hong Kingston）是一行禪師（Thích Nhất Hạnh）的弟子，她在《第五和平書》（*The Fifth Book of Peace*, 2003）中描寫她如何結合一行禪師的正念禪（mindfulness）與自己的寫作專長，形成獨具特色的寫作禪（writing meditation），並組織了退伍軍人寫作坊（Veterans Writing Workshop），致力於協助自戰場歸來的美國退伍軍人面對內心的創傷。我甚至在北加州參加了他們兩次聚會，親身了解寫作坊的運作。因此我那篇〈說故事．創新生：析論湯亭亭的《第五和平書》〉[4]就不刻意迴避一行禪師的正念禪與入世佛教（Engaged Buddhism）。可能正因為這個緣故，當我把該文英文版 "Life, Writing, and Peace: Reading Maxine Hong Kingston's *The Fifth Book of Peace*"[5]寄給史丹佛大學的費雪金（Shelley Fisher Fishkin）教授時，她馬上寫信徵求我的同意，投稿給她和其他學者新成立的線上期刊《跨國美國研究期刊》（*Journal of Transnational American Studies*），經兩位匿名審查人審查，發表於二〇〇九年該刊創刊號，至今已超過兩千五百人次瀏覽，也有不少人下載。

對我來說每個文本都是獨一無二的，而且允許不同的解讀。若是要用某個特定的理論或觀念來貫穿不同的文本，固然可以彰顯這些文本的共通性，但要留意是否有化約之嫌。尤其我出身於比較文學，也從事翻譯研究，會特別留意理論的適用性（applicability），以及其中存在的可譯性（translatability）與不可譯性（untranslatability）。總之，不同的理論與觀點各有強調，可以產生洞見，開拓視野，強化論述，但在運用時要留意揀擇，看是否適合特定的文本，希望能讓我們從更多的角度來賞析文本的原創性與多樣性，而不是化約為特定的理論或原則，或者像先前曾有某種文學理論，主張任何作品都可歸結為一個主旨或一句諺語，有違文學文本的特色以及我們平時的閱讀經驗，反而淪為偏見或不見了。

追根究柢，這種對文本的重視與我的文學教育有關。我讀大學與碩士班時，正盛行新批評，雖然說它的一些主張與術語在今天看來有些簡單、甚至幼稚，但對於文本的重視與細讀的強調，卻早已內化為我的一部分。因此我會特別注意文本本身，一向主張細讀文本是人文學科的基本功，但也會留意歷史與脈絡，因為文本畢竟是文化的產物。在這方面我相當

---

④參閱筆者〈說故事・創新生：析論湯亭亭的《第五和平書》〉，《歐美研究》三十八卷三期（二〇〇八年九月），頁三七七—四一三。

⑤參閱 Shan Te-Hsing. "Life, Writing, and Peace: Reading Maxine Hong Kingston's *The Fifth Book of Peace*," *Journal of Transnational American Studies* 1.1 (2009).

同意美國文學評論家米樂（J. Hillis Miller）的看法，也就是雖然我尊重理論，也鑽研一些理論，知道理論宣稱其普遍性，但我會以批評史與思想史的眼光來看待。也就是說，任何理論並非來自真空，而是有其歷史性（historicity）與機緣（contingency），是協助我解讀文本的工具，因此是工具性的（instrumental），而非凌駕於文本之上，變成解讀文本的百寶箱或萬能鑰匙。這也涉及文本與理論之間的主從關係。身為文學學者的我顯然以文本為重。我佩服那些能進行高度理論思辨的人，但那不是我的路數，因此現在不會刻意使用特定的理論，而是根據所閱讀的文本的性質，採用自認適合的視角、理論與觀念架構，加以解讀與闡釋，希望能增添新意。

名相、方便與留白

林：在參訪猶太人大屠殺紀念博物館時，在您感想的部分，就佛法而言著墨較少，請問是否刻意避開名相而方便說？或是有其他之目的呢？

單：你指的是我二〇〇七年發表的〈俯首傾聽歷史悲劇——美國猶太人大屠殺紀念博物館參訪記〉（《禪思．文思》，頁一三六—一五三）。我在校對書稿時，為該文增加了一千三百多字的後記，開頭就指出：「我對人類的大屠殺一直覺得驚駭與不解：為何會對圓顱方趾的同類如此痛下殺手？」後記中簡述了我這些年來參訪的一些充滿集體創傷與慘痛記憶的地點，像是波蘭的奧許維茲—比克瑙死亡集中營（Auschwitz-Birkenau Concentration Camp）、德國柏林的歐洲遇害猶太人紀念館（The Memorial to the Murdered Jews of Europe）、韓國光州的五一八紀念館與五一八紀念墓園、中國的南京大屠殺紀念館與南京利濟巷慰安所舊址陳列館等。這些集體創傷涉及人類的悲慘歷史，並不限定於特定的宗教——縱然猶太人大屠殺與猶太教密切相關。因此我在寫這篇文章時，面對的是人類的巨大苦難，具有普世性，雖然刊登於佛教刊物，而且運用佛教名相會讓佛教徒更有感，但我希望閱讀的對象愈廣愈好。換句話說，要在這篇文章中用上佛教名相對我來說並不難，也有基本讀者群，但我不願自我設限，也避免把佛教觀念套在猶太教為主的民族上。因此，我試著把佛法的基本觀念內化為生命的一部分，以「無緣大慈，同體大悲」的胸懷來看這個事件，並且把自己的感想化為不含宗教色彩的文字，希望吸引更多人來關切這個人類歷史上的大悲劇，深自反思，進而避免類似事件再度發生。

如果看《聖嚴法師一〇八自在語》就會發現，並沒有特別用上佛教的名相或宣揚佛教的教義，反而讓更多人接近並從中獲益。比方說，其中流傳最廣的一句就是「面對它，接受它，處理它，放下它」，這是法師從多年禪修與生命經驗中淬鍊出來的，字面上卻看不出任何宗教色彩。我曾經在大學同學群組分享這句話，有一位定居美國的基督徒同學就很喜歡，並說她做到了前三點，但最後一點還做不到。因此，未必要在言詞或字裡行間套用佛教名相或專有名詞才算是佛法。

如果要用佛法來回答你這個問題，我可以引用佛陀的話：「我所說法，如爪上塵，所未說法，如大地土。」又說：「世間一切微妙善語皆是佛法。」在當今宗教自由的多元社會中，有時為了凸顯自身的宗教特色，必須運用相關的用語，但有時為了更平易近人，與非教徒或異教徒交流，只要不違背自己的教義，都可善巧方便，靈活揮灑，不必拘泥於名相。更何況任何正信的宗教都強調修己與利他，只要能讓現世更為安和樂利，可盡量求同存異。像一行禪師的《活的佛陀，活的基督》（*Living Buddha, Living Christ*〔立緒，二〇一一〕，前版中譯名為《生生基督世世佛》）一書，便著重於佛教與基督宗教相通之處。最近出版的達賴喇嘛與南非大主教屠圖這兩位諾貝爾和平獎得主的對話《最後一次相遇，我們只談喜悅》（***The Book of Joy: Lasting Happiness in a Changing World***〔天下文化，二〇一七〕）也是明顯的例子。世間的苦難已經夠多了，自許救助世人的宗教或宗教內的不同教派最好能攜手合作，至少不要黨同伐異，徒增爭端與苦難。

林：您在談梭羅與佛法時，提到生活的「留白」，請問您在學術生活是否有類似的留白經驗呢？

單：梭羅在《華爾騰湖》（*Walden*, 1854）第四章〈聲音〉（"Sounds"）中提到「我喜愛在生活中有寬裕的留白」（"I love a broad margin to my life."），並以自己的林中生活為例。但那種生活不僅對現代人來說難以企及，即使在當時也可說是「奢侈」，那就是為什麼他被視為「怪人」、甚至誤認為「隱士」的原因。就我來說，學術生活主要是自我要求，以及如何回應外界的要求，的確可說是非常地忙碌，研究、寫作、開會、審查……，幾乎占據了所有時間，而且是事情永遠做不完的「責任制」，只能追逐一個又一個的「死線」，說不定真的要死而後已。然而，人不是機器，適當地放鬆與「留白」是必要的。

我的「留白」主要有兩種。一種是把握出國開會、研究或特別安排的參訪活動。對於人文學者，尤其外文學者來說，到了海外，尤其是一些文學景點、歷史名勝，當然要把握機會參訪，親身體驗當地的氛圍、地理與人文景觀。既然已經讀了那麼些書，而且千里迢迢來到附近，自當盡可能前往參訪與印證。讀書與行腳是可以搭配的，以擴大視野，增長見聞，收「讀萬卷書，行萬里路」之效。另外就是，我近年利用休假參加鹿野苑藝文學會舉辦的國內外佛教勝地參訪。這些「忙裡偷閒」的時光是忙碌生活中的「留白」，但還是跟個人的興趣與專長有關。

對我來說，另一種比較特殊的「留白」就是禪修與內觀（Vipassana）。我正式禪修開始於一九九二年的禪三，後來在國內外參加過幾次禪七，也參加過十天內觀，那段期間要三天、七天，甚至十天與外界斷絕來往，不許打電話，不許閱讀任何東西，完全禁語，連記筆記都不行，而是要求時時運用方法，完全集中於當下，可說是嚴格定義的「留白」。雖然說行前已經知道這些規定，但到了現場才體會到實在不容易，尤其對已經習慣家庭生活的我來說，有如回到大學時代住宿舍、甚至當兵受訓時的集體生活，會覺得格格不入，甚至自討苦吃。幾天下來逐漸適應之後，也大概到了該離開的時候了。第一次的禪三真是震撼教育，以後每次的感受也各有不同。可惜自己平日不用功，即使禪修時要求「大死一番」，甚至有「剋期取證」之說，但對於我這種凡夫俗子，只是增加另一種生活與生命的體驗，結下另一種緣，播下一些種子。

我個人比較特殊的經驗是，身為外文學者與譯者，因為禪修而有緣把聖嚴法師的四本英文禪修著作翻譯成中文：《禪的智慧——與聖嚴法師心靈對話》、《禪無所求——聖嚴法師的〈心銘〉十二講》、《無法之法——聖嚴法師默照禪法旨要》與《虛空粉碎——聖嚴法師話頭禪法旨要》。這些譯作拓展了我的翻譯經驗與讀者群。雖然一直覺得這些禪修翻譯與自己的研究無關，但二〇一六年應邀參加北京清華大學舉辦的宗教經典翻譯研討會時，從翻譯研究的角度寫了一篇〈禪宗經典之翻譯／返譯：聖嚴法師英文著作中譯之我見我聞〉，現身說法，闡釋其中涉及的語內翻譯、語際翻譯、符際翻譯、逐步口譯及回譯等，是那次會議論文中最特殊的一篇。由此可見，有些事情不必刻意強求，先做再說，等到主客觀條件成熟時，自然而然就串了起來，看似不費工夫，可是如果沒有先前的積累，就無法水到渠成。

近年來因為體力與時間的緣故，第一種參訪式的留白還能維持，但第二種修行式的留白則明顯減少許多，轉而留意於日常生活中的起心動念。對於人文學者來說，學問的累積和視野的開拓要靠時間，細水長流，滴水穿石，因此要留意時間與健康管理，在個人條件允許下勇於從事多方面的嘗試，就愈有跨界的可能。當今所強調的跨領域，在我看來有如 **metaphysical conceit**（玄學派巧喻），愈是能在看似不同的事物或概念之間建立起聯繫，就愈可能產生創意。因此，如何在日常生活中維持平常心與持久心，對任何人都很重要，不只是學者。那就是我喜歡題贈「日日是好日」的原因。

出世、入世與連結

林：有人認為佛法是較消極的，在居士修行與學術研究的過程中，請問您是否有較具體的例子來指出佛法積極勇猛精進的地方？

單：有關佛法消極的說法是誤解，尤其漢傳佛教以大乘自許，強調以出世之心行入世之事。其實回想釋迦牟尼佛在兩千多年前階級森嚴的印度種姓制度社會中強調「眾生平等」，就知道他是多麼地積極、激進了。佛教史上勇猛精進的實例不勝枚舉，只要看歷朝歷代的高僧傳就知道。我心目中的楷模（role model）是玄奘法師，他一人兼具留學生、旅行家、辯經師、翻譯家、宗教家等多重身分，即使在今天看來都非常多元而且卓越，所翻譯的《心經》在千年之後的今天，依然為華人寺院早晚課必誦的經典。對從事翻譯的人來說，難以想像自己的譯作在千年後還會為人朝夕誦念，發人深省，予人慰藉。

在我成長的階段，甚至在念大學時，跟當時盛行的基督教相較，佛教給人的印象確實比較消極。但這幾十年來由於臺灣佛教的興盛，尤其人間佛教在臺灣的實踐更是有目共睹，情況大為改觀。然而任何實踐絕不是來自真空。思想史家王汎森在近作《思想是生活的一種方式：中國近代思想史的再思考》（聯經出版，二〇一七）中提到，一個理念的落實往往需要時間：「對不同思想史層次的了解有助於我們澄清一種誤會，誤以為思想史中所陳述過的即自然而然周流於一般人民腦海中，忽略了其中可能存在的斷裂（conceptual lags）。」他舉的一個例子就是人間佛教：「誤以為太虛法師（一八九〇—一九四七）於民初提出『人生佛教』之後，當時廣大佛教信徒已經接受了這個概念，而忘了這是要等到幾十年之後，經印順（一九〇六—二〇〇五）、證嚴等人提倡『人間佛教』之後，才得以下及廣大的群眾、並產生有力的行動。」

對漢傳佛教史與臺灣佛教史稍有認識的人就知道，太虛法師的佛教改革運動在當時影響有限，但在印順法師以及東初法師、慈航法師等人的傳承下，到佛光山、慈濟與法鼓山等佛教團體的推動與實踐，使得臺灣的人間佛教在慈善救濟與教育文化中發揮了很大的作用，一改昔日社會對佛教消極、避世、落伍的觀感。記得一行禪師在他著作中譯本的前言提到，他能讀漢字，在越南時讀過太虛法師的作品，受到人間佛教理念的影響。而一行禪師在世界各地推動正念禪，在歐美國家很受歡迎，是僅次於達賴喇嘛的暢銷佛教作家。有關他的紀錄片《正念的奇蹟》（*Walk with Me*，港譯

《與正念同行》）三個月前（二〇一七年九月）剛在臺灣上映，廣受各界好評，進一步發揮了入世的效應。

先前提到，一行禪師的弟子湯亭亭以寫作禪協助美國退伍軍人面對並處理自己內心的創傷，終於逐漸平伏。由於這些人深受戰爭的傷痛，更珍惜和平，致力於和平運動，他們的作品結集成書，由湯亭亭取名為《戰爭的老兵，和平的老兵》（*Veterans of War, Veterans of Peace*, 2006），發人深省。

以上只舉幾個例子來說明佛法的積極勇猛與精進入世。

在這裡我特別要強調的是，太虛法師的例子提供了當今急功近利的時代兩個重要的啟示：一是正確的觀念與思想具有啟蒙與指引的作用；一是做事要有長遠的眼光，不要只求立竿見影的效果。

林：禪學與文學，請問稱呼它們為宗教與世俗是否是一個刻板的、過簡的二分法？文學的確有文字文化世俗為載體，但禪宗雖說不立文字，卻留下了許多文字記錄禪門公案。文學亦有其宗教信仰夾於中或行於上，禪學也不離世人而孤芳自賞。佛，依名相看，覺者也，對於其他未覺者而言，或可視為一種導師，不是創造主、不是神祇仙靈。簡言之，覺者導師（直接、間接）以世出法或世俗方便文字，帶領未覺者實踐一種對世對己的態度、一種觀與行的方式。以上的理解，請問您覺得哪些需要修正或推翻的呢？

單：你我的看法大致相同，比較不同的就是「文學亦有其宗教信仰夾於中或行於上」的說法。當然宗教文學也是文學的一環，然而文學不一定非與宗教相關，而且一些例證顯示，有些作家成為虔誠的信徒之後，作品的藝術成就反而不如從前。另外，就像先前所言，對我來說重要的不是「禪學」或「佛學」，而是「禪修」或「學佛」，也就是實踐的一面。佛法著重緣起法，以因緣來看待事情，不強調一個至高無上的權威，也不認為人類凌駕其他動物或自然環境之上，這些主張應更契合當今的多元社會與生態思維。而佛陀是自己悟道之後，再將所悟之道與人分享，希望別人也離苦得樂，所以是自覺、覺他、覺行圓滿。

佛教主張眾生都有佛性，都有成佛的潛能。佛教徒視佛陀為「本師」，以他為學習的楷模，雖不能至，但在內心與行為上都嚮往之，不斷精進，自我提昇。因此，確實如你所言，是一種觀與行的方式，也是一種對己對世的態度。當然，宗教中也有一些奇蹟或超自然的現象，如神通之類，但那只是修行的副產品，或許可以增加人的信心，但不可捨本逐末，為此誤入歧途。而禪宗更是避談這些，主張平常心是道。六祖惠能主張：「佛法在世間，不離世間覺。」禪宗之所以吸引我，便在於平凡、樸實、單純、日常，不故弄玄虛，一步一腳印。其實，不僅人生如此，學問之道又何嘗不是如此？光是一句一註平實有據，就可看出步步踏實的工夫了。

林：在面對禪學和文學之間，請問您分別與不分別的是什麼？

單：文學是我的興趣與專業，必須以此世間法在職場上努力奮進，不僅是我個人與家庭的維生之計，也關係著我在學術界與文化界的聲譽。佛法則攸關我的終極關懷與安頓身心。一個涉及世間法，主要集中於我隸屬的學術場域，一個涉及出世間法，有我親近的道場與組織，各有各的關切與相關的社群，但彼此之間有所交集，距離並沒有一般人想像地遠，對我來說甚至可說是很近，就看彼此如何連結。之所以很近，是因為文學處理的是人生，反映的是人性，而宗教一方面直面人生與人性，另一方面提供超越性的看法、實踐的法門與解脫之道，如佛法揭示的貪、瞋、癡三毒與苦、集、滅、道四聖諦。

宗教確實可提供我們閱讀文學的看法，然而文學的特性與可貴就在於多元，允許不同的讀者進行不同的詮釋，從而豐富文本與人生。在閱讀文學文本時，宗教的思維固然可以提供特定的看法，但要留意不要把文學只是化約成幾個抽象的觀念，以致看似以簡馭繁，方便掌握，卻反而犧牲了文學的多樣性與吸引人之處。因此，我在閱讀文學作品時特別留意多元性與開放性，讓人看到人性的豐饒繁複；而在面對宗教，尤其是禪宗時，則希望能透過觀念與方法，把修行化為生活方式與生命態度，落實在行住坐臥中，包括寫論文時。只不過說來容易做時難，故而成為時刻留意、終身不斷的功課。

總之，我個人隨時留意自己的學者與佛教徒的身分，兩者之間有交集，至於沒有交集的地方，可能只是我暫時不知如何連結。我會尊重並遵循各自的要求，並且隨順因緣，盡量在適當的場合，有適當的思惟，講適當的話，寫適當的文章，做適當的事。

林：在臺灣研究英美文學，從中譯接受的角度來看梭羅，加上連結佛學的思想來分析體悟梭羅的生活觀，請問是否亦有一種務實，也就是將主場從英美拉至亞洲的一種務實策略？（其中也包括介紹剖析英美文學作品對亞洲的影響，以及佛學、印度哲思在英美文學之中的影響。）

單：在臺灣研究英美文學是我們英美文學學會所有會員的集體經驗，我只是其中的一員，不過入行也有幾十年了，有些切身的感受或許可供參考。在我那個年代的臺灣，就讀的大學科系是聯考分發的結果。我聯考的優先志願全填外文系／英語系，並不是對外國文學有什麼憧憬，只是因為高中時英文成績比較好，而且外文系的出路是社會組中比較好的。等到進入政治大學西洋語文學系，在余光中老師等人的啟發下，逐漸念出了興趣，而且當時臺灣的比較文學研究方興未艾，報考外文研究所就成了自己的決定，我甚至放棄預官考試，以示破釜沉舟的決心。後來就讀博士班更是確定以學術為一生志業。

這就牽涉到你的問題。開創比較文學博士班的外文系這一邊的師長，接受的都是英美文學的訓練。在我與李有成、張力跟朱立民老師做的口述史《朱立民先生訪談記錄》（中央研究院近代史研究所，一九九六）中，他特別提到以當時臺灣的學術條件，不可能創辦英美文學博士班，但臺大有中文系的雄厚資源，可以進行比較文學研究，在國際學術界中建立特色、發揮影響，由此可見那一代的學者在國際學術社群裡的自我定位與發展策略。加上我自大學時代起，在余光中老師的啟蒙下就開始從事翻譯，因此這種跨語文、跨文化的視野，在我的學生與學術生涯中一直扮演著關鍵性的角色。

在一九七〇年代的臺灣，我的老師輩就已經想到，如何善用臺灣獨特的學術與文化資源，在險惡的國際局勢中，為臺灣爭得一席之地，其中既有學術考量，也有「書生報國」的理想。除了與國際接軌之外，他們也強調以中文撰寫論文，為外國文學與文化研究在臺灣的本土化發揮了很大的作用。《中外文學》在近來成為純粹的學術期刊之前的幾十年，也刊登文學創作與翻譯，不僅是華文地區的外文學界、中文學界與比較文學界的代表刊物，對臺灣的文壇與文化界也發揮了引領風氣的作用。

我個人這幾十年念茲在茲的問題就是：為何此時此地要在臺灣從事英美文學、比較文學、翻譯（研究）？其意義與價值何在？如何才能發揮最大的效應？我試著用不同的方式來回應這些議題，包括學術論述、翻譯與訪談。比較值得一提的是，一九九〇年代起，中央研究院歐美研究所的同事與國內的同行，協力推動亞美／華美文學研究，運用我一再強調的臺灣學者的利基（niche）——印象中是周英雄老師最早提出這個用語——也就是英美文學與比較文學的雙語、多元文學與文化視野，鑽研亞美／華美文學，提出有別於歐美主流研究的另類觀點，看似來自邊緣，卻發出不容忽略的聲音，獲得一定程度的肯定，多少體現了全球在地化的學術。

除了與我們相近的亞美／華美文學等族裔文學之外，以這種比較與跨界的視野來研究英美主流文學，也是很重要的方法與策略。這就涉及你提到的梭羅。梭羅的故鄉康考德（Concord）距離波士頓不遠，而波士頓因為是海港，所以與外界多所往返，有不少商人遠赴東方做生意，帶回許多商品與文物，因此波士頓美術館（Museum of Fine Arts, Boston）裡有許多東方收藏品，其中不乏精品。在文化界，包括艾默森（Ralph Waldo Emerson）在內的不少知識分子接觸到東方思想，為他們打開了另一扇窗，拓展了他們的見識，並且反映在作品中。這些美國代表性人物的作品翻譯成其他語文時，這些思想也隨之傳播。

在臺灣研究英美文學基本上涉及翻譯，其中包括狹義的文學文本的翻譯，以及廣義的對英美文學、文化的引介。不管就梭羅個人或廣泛的英美文學在臺灣的傳播，翻譯都扮演了重要的角色。像我這一代的學者與文青，幾乎都是讀今日世界出版社以「吳明實」為化名所翻譯的《湖濱散記》（*Walden*）長大的（原譯者為徐遲），可以說《湖濱散記》就是梭羅的同義詞。二〇一七年我曾以接受史（reception history）的觀點，在美國梭羅學會（The Thoreau Society）的年會中討論梭羅在臺灣的傳播。我在其他文章中也提到梭羅與佛學思想的連結，主要是談他離群索居的一面，而他在林中的生活與領悟，有些類似佛教中所謂的「獨覺」，但還是有所差異。「獨覺」指的是沒有接觸到佛法，卻獨自悟出佛法的真理而開悟解脫的人。梭羅當時已有機會讀到歐西語文翻譯的佛經（甚至有人認為超越主義期刊《日晷》〔*The Dial*〕上匿名刊出的美國第一篇佛經英譯出自他的手筆），雖然他個人在林中有些深刻的領會，並且透過文字表達出來，到今天依然觸動人心，但我認為他的領會與佛法還是有些出入。

這是我身為具有佛教背景的臺灣的英美文學學者、比較文學學者的看法。在當今全球化的情境下，具有跨文化、跨國界特色的觀察不足為奇，算不上什麼「主場」不「主場」，主要涉及的還是個人的文學素養、文化脈絡與發言位置。這也是我在翻譯研究中一再強調「雙重脈絡化」的原因。

我自有我的關懷、議題與議程，肯定並希望善用我們的文化資本與發言位置，至於這種作法是不是「務實策略」，有什麼成果，就留待關注英美文學與比較文學在臺灣的建制史的人來評價。而你提到的那些東方與西方之間的相互影響，茲事體大，必須一點一滴、一磚一瓦地用踏實的工夫，透過一個個的案例逐步建立起來。我們所能做的就是在這個大方向下，運用自己專長的文學與文化研究，建立多元的模式，增進彼此的了解與尊重。

林：在這個強調實用與表相的時代，請問您對英美文學未來的「修行者」有什麼叮嚀與期待？

單：這麼問好像我已經垂垂老矣，可以倚老賣老，對別人說三道四。這與我的個性不符。基本上我抱持著「不輕初學」的態度，江山代有才人出，每一代的學者都有不同的文化脈絡與文學關懷，老幹新枝，繁花異果，不一而足。因此，就像我在自己的佛教文集序言中所提出的另類詮釋，「學者」固然帶有學院的、菁英的意味，但我更願意詮釋為「學習者」，強調終身學習的面向。像我四度出國研習一年時都盡量旁聽課程，甚至撰寫期末論文，雖然辛苦，但機會難得，自當好好把握。至於「行者」，我則另解為

「修行者」與「旅行者」，既重視學者以學問為修行，細讀、參悟文本的一面，也強調行萬里路、實地踏查的重要性，對人文學者尤其如此。晚近我對「作者」一詞也另有領會，因為看到一些文史前輩學者皓首窮經，也看到像王文興老師、哈金先生這些作家努力不懈，致力於文字勞動，讓我聯想到百丈禪師「一日不作，一日不食」的警語。身為學者的我們，雖然未必能像百丈禪師那樣每天作務，刻苦自勵，但還是要勉力在學問與人生之道日有寸進。

若說有什麼叮嚀或期待的話就是，有鑑於當今學術生態強調各式各樣的評比與排名，我在公開與私下場合都會提醒學術中人，學問之道是馬拉松，不是中距離賽跑，更不是百米短跑，重要的是整體的眼光與配速（pace），認定目標，不急不緩，不張不弛，就像佛經中所用的比喻一樣，修行有如彈琴，琴弦太緊了就容易繃斷，太鬆了卻又彈不出聲音，必須不鬆不緊、中道而行才能持久。尤其人文學者的視野與見地往往與時俱進，不要因為年輕時期的衝刺，犧牲了健康與家庭，而要細水長流，精進不已，為個人與整體學術長久貢獻。可能的話並努力連結學院與社會，貢獻自己所長，共同創造更好的學術生態、社會氛圍、生活環境與生命品質。

（林嘉鴻書面訪談，原載於二〇一七年十二月《中華民國英美文學學會電子報》三期）

琉璃文學 37

法緣·書緣

A Dharma Life: Through Heart, Mind, and Practice

著者	單德興
出版	法鼓文化
總監	釋果賢
總編輯	陳重光
編輯	李金瑛、林蒨蓉
封面設計	賴維明
內頁美編	小工
地址	臺北市北投區公館路186號5樓
電話	(02)2893-4646
傳真	(02)2896-0731
網址	http://www.ddc.com.tw
E-mail	market@ddc.com.tw
讀者服務專線	(02)2896-1600
初版一刷	2021年3月
建議售價	新臺幣300元
郵撥帳號	50013371
戶名	財團法人法鼓山文教基金會—法鼓文化
北美經銷處	紐約東初禪寺 Chan Meditation Center (New York, USA) Tel: (718)592-6593 Fax: (718)592-0717

法鼓文化

國家圖書館出版品預行編目資料

法緣·書緣 / 單德興著. -- 初版. -- 臺北市 : 法鼓文化, 2021. 03

面； 公分

ISBN 978-957-598-880-7（平裝）

224.517 109021191